¡SÉ HOMBRE!

¡Sé hombre!

Conviértete en el hombre que Dios

te ha creado para ser

Por: Padre Larry Richards

Traducción: Jorge Luis Macias y
Carlos Alonso Vargas

IGNATIUS PRESS   SAN FRANCISCO

Edición original en Inglés:
Be a Man: Becoming the Man God Created You to Be
© 2009 por Ignatius Press, San Francisco
Todos los derechos reservados

Arte de la cubierta:
Fotografía © iStockphoto / Nick Schlax
Fotografía del autor: Paul Lori

Diseño de la cubierta: Roxanne Mei Lum

© 2014 por Ignatius Press, San Francisco, California, E.U.A.
Todos los derechos reservados
ISBN 978-1-58617-911-3
Biblioteca del Congreso Control Número 2014908756
Impreso en los Estados Unidos de América ∞

CONTENIDO

Introducción

Siempre recordamos las últimas palabras que las personas dicen antes de morir, especialmente cuando se trata de alguien a quien hemos amado. Estas palabras resuenan por toda nuestra mente y afectan nuestra vida de manera duradera. Esto sucede especialmente con las últimas palabras de consejo de un padre amoroso a su hijo. El rey David lo sabía cuando estaba hablando con su hijo Salomón para darle su último consejo antes de que él emprendiera "el camino de todos". David mira a Salomón y le dice: "Ten valor y sé hombre" (1 Reyes 2, 2 [BJL]).

David sabía que para que su hijo fuera un gran líder, primero tendría que ser un gran hombre. Este libro trata sobre ser la clase de hombre que cada uno de nosotros fue creado para ser. Para hacer eso no se requiere perfección. Porque David, ciertamente, no era perfecto: era un asesino, un adúltero, y la lista sigue, pero era un hombre que sabía quién era y que se esforzaba con todo su ser por ser mejor.

Sí, David era débil y lleno de muchas cosas que nosotros podríamos no respetar, pero Dios dice de él: "He encontrado que David, hijo de Jesé, es un hombre que me agrada y que está dispuesto a hacer todo lo que yo quiero" (Hechos 13, 22). Muchos de nosotros podemos identificarnos con David (¡bueno, yo sé que al menos yo sí puedo!), y desde el pasado remoto él nos anima a ser hombres que hacen la voluntad de Dios.

En los últimos cuarenta años más o menos, ustedes se habrán dado cuenta de que algunas de las mujeres se han vuelto más masculinas y algunos de los hombres más femeninos. Algunos de nosotros parecemos estar confundidos; vamos en contra de la forma en que fuimos creados: "Cuando Dios creó al hombre, lo creó a su imagen; varón y mujer los creó" (Gén 1, 27). ¡Así que hay una diferencia! Los hombres no están llamados a ser mujeres, ni viceversa. Esto ha causado más problemas de los que podemos tratar aquí, pero somos diferentes —ninguno es mejor que el otro, pero somos diferentes— ¡y nosotros estamos llamados a ser plenamente hombres!

Este libro se centrará en la perspectiva bíblica acerca de lo que es ser hombre. Por lo tanto, vamos a utilizar los siguientes modelos: el rey David en el Antiguo Testamento, san Pablo en el Nuevo Testamento, y Jesús, el Alfa y Omega de todos los hombres.

Es Jesucristo mismo quien nos revela lo que es ser hombre. Él era un hombre para los demás; se entregaba a todos. Él desafiaba a la gente; amaba a la gente; era fuerte, y murió por los demás… y mandó a sus discípulos hacer lo mismo.

Y eso es de lo que va a tratar este libro. Es acerca de entregar nuestra vida. Es acerca de tomar la única vida que Dios nos ha dado y regalarla. A lo que estás siendo invitado es a morir por los demás, en el sentido de poner las necesidades de los demás por encima de las tuyas. ¿No estás emocionado? Pero eso de ser como Cristo, y eso de ser como todos los grandes hombres, eso es algo que te costará la vida.

Cada capítulo termina con tareas que se deben cumplir y preguntas para reflexionar y dialogar. Te animo a que leas este libro en su orden secuencial, porque cada capítulo se basa en el anterior. Si te comprometes ahora a leer todo el libro y a realizar las tareas, entonces te prometo que tu vida cambiará para siempre.

Entonces, ¿estás listo? Esta no es hora de ser flojo. ¡Hoy el mundo necesita hombres de verdad! Tu familia cuenta contigo; tus amigos cuentan contigo; tu mundo cuenta contigo; tu Dios cuenta contigo. Así que no tengas miedo: ¡ten valor y sé hombre!

CAPÍTULO 1

Sé un hombre que se mantiene enfocado en la meta final

No llames feliz a nadie antes de su muerte; cuando le llegue el fin se sabrá cómo era.

—Eclesiástico 11, 28

¡Vas a morir!

Bonita manera de empezar un libro, ¿eh? Lo sé, pero quiero que asimiles este pensamiento: Vas a morir. Esta es la realidad más cierta que hay. Esto es lo que nos hace a todos ser iguales. No importa lo ricos que seamos, o lo populares que seamos, o lo poderosos que seamos: un día todos vamos a "estirar la pata". ¿No es este un pensamiento agradable?

Está bien —puedes decir—; ¿y eso qué? Después de que llegamos a aceptar esta realidad básica, tenemos que asegurarnos de hacer todo teniendo en mente nuestro final. Dios nos dice en el libro del Eclesiástico: "No llames feliz a nadie antes de su muerte; cuando le llegue el fin se sabrá cómo era" (11, 28). El mundo está lleno de ejemplos de hombres que comenzaron bien y terminaron mal. ¡Cada uno de nosotros necesita asegurarse bien de no ser uno de ellos!

Si mantenemos en nuestra mente la meta final, podremos empezar a reflexionar en lo que es más importante: ¿Qué voy a lograr con mi corto tiempo en la tierra? ¿Qué quiero que la gente diga de mí una vez que haya suspirado mi último aliento? ¿Valió la pena mi vida? ¿Habré sido una persona que cambió el mundo? ¿Habré sido una persona que dio más de lo que recibió? ¿O habré sido una persona que recibió más de lo que dio? ¿La gente dirá de mí: "Me encantó estar cerca de ese hombre porque era un hombre de verdad y se entregó a los demás"? ¿O tendrán que decir: "Ese fue uno de los seres humanos más miserables que jamás hubiera querido conocer"? ¿Qué dirán los demás de ti?

Recientemente un amigo mío pasó a mejor vida. Tenía 70 años edad y era un monseñor en la Iglesia Católica. Era un hombre grandote; un buen hombre, pero también tenía un temperamento impetuoso. El obispo, al predicar la homilía en el funeral, dijo: "Monseñor era un hombre que tenía un corazón generoso, y sirvió a la gente con todo su corazón... a veces con una sonrisa, y a veces con un gruñido". Este hombre no era perfecto, pero día a día fue entregando su vida a los demás.

¿Qué dirá la gente de ti cuando se hable en tu funeral?

Lo que tenemos que hacer es sacar un rato para sentarnos y meditar acerca de nuestro último aliento. ¿Qué es lo que quieres que tu esposa diga de ti? ¿Qué es lo que quieres que tus hijos digan de ti? ¿O las personas con las que trabajaste? ¿Qué es lo que quieres que diga la gente a la que acabas de conocer? Después de tomar cierto tiempo para pensar y orar, escribe lo que quieres que otros digan de ti y, a continuación, comienza a hacer de eso tu meta. Una vez que hayas decidido: "Está bien, cuando llegue el día de mi último suspiro, esto es lo que quiero", puedes empezar a vivir la vida con tu meta final en mente. Empezarás a vivir de tal manera que cuando el día de tu muerte llegue, la gente que te conoce diga lo que tú quieres que digan de ti.

En mi propia vida he pensado mucho en esto. Yo era el típico niño de familia de obreros que creció en Pittsburgh, Pensilvania, sin verdadera religión en mi vida. Mi padre era policía en la ciudad de Pittsburgh, y más tarde mi madre también se hizo oficial de policía; algunos pensaron que yo seguiría sus pasos, y de algún modo, supongo que lo hice. Mi madre era católica de nombre, pero no iba mucho a la iglesia. Ella pensaba que la Iglesia mantenía a la gente alejada de Dios. Pensaba: "Ah no, uno hace algo malo o le va mal en el matrimonio, y entonces ya no puede ir a la iglesia". A pesar de que mi madre consideraba que la Iglesia mantenía a las personas alejadas de Dios, era mi padre quien tenía la teología más interesante. Mi papá, mi querido padre, creía en el Dios del Antiguo Testamento, el que nos dio los Diez Mandamientos. Él creía que Jesucristo era Hijo de Dios, pero que Jesús había exagerado un poco al cambiar las reglas. Jesús dijo: "Ustedes han oído que se dijo: 'Ojo por ojo y diente por diente.' Pero yo les digo: No resistas al que te haga algún mal; al contrario, si alguien te pega en la mejilla derecha, ofrécele también la otra… Amen a sus enemigos, y oren por quienes los persiguen" (Mt 5, 38–39.44). Así que mi papá creía que aunque Jesucristo era el Hijo de Dios, Dios Padre se enojó con Él y lo mandó matar porque Jesús había cambiado todas las reglas. ¡Una teología muy interesante! ¿Usted pensaba que solo su familia era disfuncional? Esto es apenas el comienzo de las historias acerca de mi familia; todos provenimos de algún tipo de familia disfuncional. ¡Más sobre esto en el próximo capítulo!

A medida que fui creciendo, la religión no era realmente parte de la vida de mi familia; pero mis padres me enviaron a una escuela católica, de modo que sí tuve un poco de influencia religiosa. Yo no era un adolescente terrible, pero bebía como los otros jóvenes. Una cosa que nunca hice fue probar drogas ilegales, porque mi padre policía me amenazó una vez: "Si alguna vez te atrapo bebiendo, te voy a castigar, pero lo entenderé; *pero* si te descubro consumiendo drogas... ¡te mataré!" ¡Y yo le creí! Es por eso que hasta la actualidad —y él murió hace mucho tiempo—, nunca he probado ninguna droga. Todavía pienso que él vendría y me mataría. Sin embargo, hice todo lo demás.

Yo era el típico hijo problemático de un policía, y en mi tiempo, los hijos de policías eran los peores jóvenes porque casi siempre se podían salir con la suya. A todos mis amigos los arrestaron alguna vez, pero a mí no, por quienes eran mi papá y mi mamá.

Salía con muchachas y tuve novias estupendas e hice todo lo demás que hacen los adolescentes. Pensé que llegaría a ser dibujante, policía o cualquier otra cosa que me gustara. Pensé que me casaría y tendría diez hijos; sí, diez: nueve varones y una niñita. Solo estaba haciendo mis propias cosas y pensando que la vida es simplemente la vida y tienes que aprovecharla al máximo.

Un día todo cambió para mí, cuando estaba en mi clase de Inglés, durante mi penúltimo año de secundaria. Estábamos leyendo la obra de teatro *Our Town* ('Nuestro pueblo'), una pieza en tres actos de Thornton Wilder. Es una obra bastante simple, pero en ese momento tuvo en mi vida un impacto que no era tan sencillo. Al final de la obra muere uno de los personajes principales, Emily Webb. Mientras ella está en el cementerio con los otros muertos, les pregunta si puede regresar y revivir tan solo un día de su vida. Aunque ella se muestra un poco reacia, de todos modos decide hacerlo. Emily decide volver a vivir el día en que cumplió doce años. Allí se da cuenta de lo rápido que vuela el tiempo y de cómo damos tantas cosas por supuestas.

La obra anima a la gente para que realmente viva la vida y no se pierda ni las pequeñas cosas. Pero lo que me impactó a mí a mis diecisiete años fue el captar que yo también iba a morir un día. Y fue, literalmente, un susto infernal lo que me entró. Empecé a temblar y sudar en la clase, y pensé: "Oh, Dios mío, voy a morir. ¡Me voy a morir! Entonces, ¿cuál es el sentido de la vida? ¿Tiene algún sentido? ¿Hay algo después de la muerte?"

La muerte es lo que a fin de cuentas se escapa de nuestro control. Incluso si nos suicidamos, no podemos controlar lo que sucede después de que morimos. Ni uno solo de nosotros tuvo control sobre su propio nacimiento, y ninguno de nosotros tiene el control de lo que sucede después de que nos morimos.

¡Eso no me gusta! ¡Como hombre, me encanta estar en control de las cosas! No sé si a alguno de ustedes le sucede lo mismo, pero a mí me gusta estar al mando de las cosas. Cuando estoy al mando, puedo determinar el resultado, o por lo menos tengo influencia sobre él. Y eso me gusta.

Esa es la razón por la que no me encanta viajar en avión. Si yo estuviera pilotando el avión, todo estaría bien, pero sé que tengo que confiar en alguien más. ¡Y eso lo detesto! ¡Ahí estoy, a diez mil metros de altura, y alguien más tiene el control total de mi vida!

Eso es la muerte, ¿no es así? La verdad es que nosotros no podemos siquiera ser dueños de nuestro siguiente aliento sin que Dios lo apruebe. Mientras tú estás leyendo este libro, un avión podría estar volando sobre el lugar donde estás leyendo, y de repente se escucha un "bum... bum... bum..." y el avión cae y se estrella sobre ti. Estás muerto, así de rápido. Ni siquiera tienes control de tu próximo respiro. ¡Así de dependiente eres!

Cuando, a los diecisiete años, por primera vez me di cuenta de que iba a morir, mi siguiente pensamiento fue: "Dios, ya no creo en nada". De pronto me di cuenta de que cincuenta años antes yo no existía. Tal vez algunos de ustedes ya se hayan percatado de esto, pero yo no. ¡Era difícil para mí imaginar que el mundo existía desde antes de que yo existiera! Y no solamente eso, sino que marchaba bastante bien sin mí. Y continuará bastante bien por cien años más también sin mí. Sin creer en nada, calculé que yo estaba en el olvido antes de nacer, y que cuando muriera iba a volver a la nada. Eso es todo. El mundo existió un millón de años antes de mí, y seguirá existiendo después de mí.

Yo sabía que necesitaba creer en algo, pero ¿por qué debía creer en ciertas cosas solo porque así era como me habían criado? Y pensé: "Está bien, tengo que averiguar cuál es la verdad". No voy a creer en algo solo porque resulta que mis padres son católicos o protestantes y me bautizaron. Yo podría haber sido criado como musulmán, budista o ateo. El simple hecho de que a uno le enseñen algo no hace que eso sea verdad. Yo quería saber: "¿Cuál es la verdad? ¿Qué es lo verdadero? ¿Dios es verdadero, existe?" Necesitaba encontrar esas respuestas por mí mismo.

En ese tiempo, cuando tenía diecisiete años, yo estaba trabajando en Pittsburgh en el edificio que llamaban U.S. Steel Building. Todos los días caminaba desde ese edificio a la Iglesia de la Epifanía, al lado de lo que ahora se llama la Arena Mellon. Entraba en esa hermosa iglesia, me arrodillaba allí y le preguntaba a Dios: "¿Tú existes? ¿O no existes? ¿Te importo? ¿No te importo?" Iba allí casi todos los días de entre semana, durante muchos meses. Yo andaba buscando, pero al principio no encontré nada ni a nadie. ¡Absolutamente nada!

Un día, sin embargo, estaba viendo la televisión. Ahora bien, en mis años mozos —y algunos de ustedes habrán pasado por lo mismo— en Pittsburgh no teníamos controles remotos ni canales de cable. Tal vez otras personas lo tenían, pero en mi casa no. Mi televisor tenía cuatro canales. Teníamos las tres grandes redes, y algunas veces entraba la WQED (canal digital) en VHF. Tenía que sentarme muy de cerca del televisor para poder cambiar de canal. En ese tiempo no había muchos programas interesantes en esas cuatro televisoras. Pero un día que estaba frente al televisor, tratando de encontrar algo interesante para mirar, al mover la perilla pasé por una Cruzada de Billy Graham. Tan pronto como vi de quién se trataba, pensé: "¡Oh no, Billy Graham! ¡Tengo que quitarlo! Pero antes de cambiar de canal lo escuché decir: "He visto a algunas personas morir", y a continuación cambié de canal, pero en eso pensé: "Bueno, vamos a oír lo que dice". Así que regresé a ese canal. Billy dijo de nuevo: "He visto a algunas personas morir. Y algunas personas, cuando se están muriendo, tienen tanto miedo que gritan: '¡Tengo miedo! ¡No me quiero morir! ¡Tengo miedo! ¡Por favor, ayúdenme! ¡Tengo miedo!'". Y luego dijo: "Y he observado a otras personas que mueren, y están sonriendo de oreja a oreja diciendo: 'Jesús, me voy a casa'". Y recuerdo que pensé: "Hombre, si uno pudiera enfrentarse a la muerte sin miedo, ese sería el regalo más grande que podría tener: ser capaz de enfrentarte a la muerte sin temor". Yo necesitaba saber si Dios existía o no.

Fui de nuevo a la Iglesia de la Epifanía, me arrodillé y lo intenté de nuevo: "Dios, ¿existes? ¿O no existes? ¿Te importo? ¿No te importo?" Y por fin, un día, después de seis meses —sentado allí en la iglesia, de rodillas, en busca de respuestas, y clamando a Dios— ¡supe que Jesucristo era real y que era Dios! ¿Cómo se me reveló Cristo? Cuando yo estaba allí arrodillado tomé conciencia de que no estaba solo. Allí, delante de mí, estaba el Dios del universo, que siempre había estado allí, pero yo estaba tan centrado en mí mismo que no lo podía ver. Al principio no escuché su voz, pero sí sentí su Presencia. Una Presencia Real. ¡Una Presencia que hace que todo siga existiendo! Me acuerdo que lo miré a Él y que dije: "Señor, haré lo que tú quieras que haga". Así que a los diecisiete años, sentado en la Iglesia de la Epifanía, oí que el

Señor me decía: "Quiero que seas sacerdote". Mi vida estaba a punto de cambiar... ¡y mucho!

Eso no iba a ser una tarea fácil, como no tardé en descubrir. Fui a hablar con mi párroco; pero como mi familia nunca iba a la iglesia, él se rio de mí. Él no me iba a recomendar para que fuera al seminario. Mis amigos pensaron que yo estaba loco; uno de ellos me dijo: "¡Apuesto a que tú nunca te harás sacerdote; te gustan demasiado las chicas!" ¡Pero Dios demostró que todos estaban equivocados, al menos en lo primero!

¿Por qué comparto contigo esta historia? Debido a que la "Pregunta sobre Dios" es la pregunta que tendrás que resolver antes de seguir adelante. ¿Tú sabes que Dios existe? Si no lo sabes, ¿qué estás haciendo para averiguar si Él es real o no? Déjame que te ayude. Sigue leyendo.

¿Cómo supe en ese momento que Dios me estaba hablando a mí? ¿Cómo supe que Jesús es más real que cualquier cosa? Estas son las mismas preguntas con las que comienzo mis retiros para estudiantes de secundaria. Por ejemplo, una vez tuve un retiro para mil quinientos varones de un colegio católico en el Sur de Estados Unidos. Era un lunes por la mañana, a las ocho en punto, y había una asamblea de todo el colegio. Estos muchachos no estaban muy emocionados de que un sacerdote viniera a hablarles durante la primera hora un lunes por la mañana.

Entré en ese gran gimnasio y encontré que algunos de los muchachos ya se estaban durmiendo y otros estaban disgustados con quienquiera que fuera el que me había invitado. La primera cosa que les dije fue: "Caballeros, les propongo la hipótesis de que Jesucristo no es Dios".

Algunos de ellos se espabilaron: "¿Eh? ¿Es un sacerdote el que acaba de decir eso?"

Volví a decir: "Caballeros, les propongo que Él no es Dios". Y continué: "Pruébenme ustedes que sí lo es".

Ellos mordieron el anzuelo rápidamente, así que comencé a dirigirme a diferentes jóvenes.

—A ver, tú, ¿tú crees que Jesucristo es Dios? —pregunté, señalando a un muchacho.

—¡Síííííí!

—¿Por qué crees eso? —presioné.

—Porque así lo dice la Biblia, Padre —contestó él, con una sonrisa agradable, muy seguro de sí mismo.

—Ooooooohhh, conque la Biblia lo dice —dije yo. Y entonces continué—: Los musulmanes tienen una Biblia que no dice que Jesucristo sea Dios. El pueblo judío tiene una Biblia que no dice Jesucristo sea Dios. Los mormones tienen una Biblia que dice Jesús es un dios. Son muchas las Biblias que hay por ahí. ¿Qué es lo que hace que nuestra Biblia sea la correcta?

—¡Uh, ohh! —dejó escapar de sí el primer joven; así que miré a otro muchacho y le pregunté:

—Y tú, ¿tú crees que Jesucristo es Dios?

—Sí.

—¿Por qué?

La respuesta que con más frecuencia se obtiene es: "No lo sé. No lo sé". Ahí es donde está la mayoría de la gente. La mayoría de los jóvenes tampoco lo saben. En realidad, si uno entra en una iglesia y le pregunta a la gente si creen que Jesús es Dios y luego les pregunta por qué, responderán que tampoco lo saben. Es la forma en que fueron criados.

En esos retiros, siempre me encuentro algún sabelotodo que dice: "¡No, yo no creo que Jesús es Dios", a lo que yo respondo: "¡Está bien, disfruta del infierno!" Todo el mundo se ríe. Ahora bien, por supuesto no estoy diciendo que ese niño se va a ir al infierno; estoy tratando de captar la atención de los muchachos, de manera que ellos sepan que nuestras decisiones tienen consecuencias.

En todo caso, continué con el siguiente:

—¿Tú crees que Jesucristo es Dios?

—Sí —dijo el muchacho.

—¿Por qué? —le pregunté.

—Porque hacía milagros, Padre.

—¡Oooooooohhh! Pero Benny Hinn también hace milagros —dije.

(¿Has visto en televisión a Benny Hinn? Benny Hinn pregunta: "¿Están listos?" "¡Estamos listos!" Contesta el público. "¿De veras están listos?" "¡Sí, de veras estamos listos!" Entonces él levanta sus manos sobre la muchedumbre y toda la gente comienza a caer; ¡es como una ola espiritual! Todos se dejan caer al suelo. Algunas personas dicen que eso es un milagro.)

Algunas veces un joven dice:

—Vamos, Padre; Él murió por nosotros.

—Oooooooohhh. ¿Todo lo que tengo que hacer es morir por ti? De todos modos voy a morir. ¿Por qué no morir por ti, si con eso llego a ser Dios? Entonces voy a hacer eso. Seguro, ¿por qué no?

Por último, después de todo lo que dicen y de que yo pongo en evidencia la insensatez de sus respuestas, y cuando he conseguido que todos se enojen conmigo, me ven y dicen: "Está bien; no importa lo que digamos, usted va a decir que estamos equivocados".

De vez en cuando, sin embargo, alguien da una respuesta que hasta cierto punto es correcta. Entonces le digo:

—Está bien, hijo, ¿tú crees que es Jesucristo es Dios?

—Sí, lo creo.

—¿Por qué?

—Porque resucitó de entre los muertos, Padre —¡Ding, ding, ding, ding, ding!

—¿Y cómo sabes que resucitó de entre los muertos?

—Porque la Biblia lo dice —contesta él, volviendo a la vieja respuesta que había quedado en suspenso. Y entonces todo el mundo se ríe.

Una vez que los muchachos están totalmente confundidos y se sienten frustrados, finalmente digo:

—A ver, ahora pregúntenme ustedes a mí.

—De acuerdo: Padre, ¿usted cree que Jesucristo es Dios?

—Sí, lo creo —respondo yo.

—¿Por qué? —dicen todos a una sola voz, esperando destruir mi respuesta, al igual que lo hice yo con las suyas.

—Porque lo conozco a Él; porque lo he experimentado. Cada día de mi vida desde que tenía diecisiete años de edad, he pasado como mínimo una hora al día con el Dios del universo. Yo estaría dispuesto a morir por causa de Él; moriría por Él en un instante. Él es lo más importante en mi vida. Yo lo conozco a Él.

¿Ves? A eso es a lo que en última instancia se reduce todo. ¿Y tú? ¿Dónde estás tú con respecto a este Dios? ¡Porque esa es la cuestión final, hombre! ¿Existe Dios? ¿O acaso no existe? ¿Cristo es Dios? ¿O no es Dios? ¿Hay o no vida después de la muerte? ¿Es todo esto una pérdida de tiempo, o todo tiene un propósito? ¿Cuál es el propósito de la vida?

En la tradición católica, el sentido de vida lo hemos aprendido de algún viejo catecismo, y ahora se nos enseña en el catecismo universal, el *Catecismo de la Iglesia Católica*. A la pregunta "¿Quién me creó?", la Iglesia nos enseña a responder: "Dios me creó". La siguiente pregunta es: "¿Para qué me creó Dios?", o en algunos catecismos: "¿Para qué estamos en este mundo?"; y la respuesta es: "Dios nos creó para conocerlo, amarlo y servirlo en este mundo, y así ser felices con Él en la eternidad".

¡En mi tradición el primer sentido y propósito de la vida es conocer a Dios! No saber sobre Dios, sino conocer a Dios.

Entonces la pregunta para ti, ahora mismo, es: "¿Conoces a Dios? ¿Lo conoces íntimamente como conoces a tu esposa; o como conoces a tu mejor amigo; o tus hijos? ¿Conoces a Jesucristo?" Si la respuesta en tu corazón es: "No, no tengo ni una sola pista", entonces, hasta ahora no has comenzado a vivir el propósito de tu vida. ¡Ni siquiera has comenzado!

Como dije desde el principio, tienes que tratar con la cuestión de si Dios existe, y, si existe, ¿de veras *sabes* que existe? Se trata de la pregunta más importante de tu vida. Si conoces a Jesús, entonces conoces la alegría que Él te da. Si no lo conoces, entonces te va a tomar tiempo, ¡pero bien que vale la pena el tiempo que te quitará!

¿Cómo se enamora uno de alguien? Aquellos de ustedes que están casados, saben que no llegaron a conocer a quien sería su esposa cuando la encontraron por primera vez, o pasando con ella por 45 minutos o una hora, una vez por semana. No: compartías tiempo con ella. Poco a poco la fuiste conociendo. Si no estás casado, ¿cómo te hiciste amigo de tu mejor amigo? Caballeros, la forma número uno en que crece la amistad es a través del tiempo que los amigos pasan juntos. Lo mismo vale para nuestra relación con Dios. Podría tomarte meses —hasta años—, pero tienes que hacerlo. Tienes que seguir pasando tiempo con Dios hasta que la respuesta a la pregunta de si conoces o no conoces a Dios sea, de manera inequívoca, un sí.

Le digo a la gente que busque siempre la verdad, porque la verdad siempre lo conducirá a uno hasta Dios. El problema es que hay demasiada gente que no está interesada en buscar la verdad. Viven solo para el día de hoy; nunca piensan sobre lo que podría pasar mañana. Otros piensan que conocen la verdad, porque les enseñaron algo y simplemente lo creen porque así se lo enseñaron. Otros tienen miedo de que si abren la mente a algo que no sea lo que ellos ya creen, entonces van a vivir su vida llenos de temor. Si algo es realmente cierto, entonces no tienes por qué tener miedo de ninguna otra cosa. Si lo que tú crees no puede responder a la verdad, entonces lo que crees no es verdad. Dios es la verdad última. Él puede resolver cualquier incertidumbre. Él puede manejar la situación. Él puede hacerse cargo de tus dudas.

Todo lo que yo creía, primero lo dudaba: absolutamente todo—. Primero dudé; después pasé tiempo suplicándole a Dios: "Tienes que revelarme esto, Señor". Obtenemos nuestras fuerzas para convertirnos en hombres de verdad cuando fijamos nuestra mirada en el Dios del universo, quien te creó a ti y a mí, y admitimos que necesitamos de Él para encontrar las respuestas que buscamos.

Ahora bien, ¡esto es *mucho* más que aparentar que se tiene una relación con Dios! Uno puede saber mucho de Dios, y hacer un montón de cosas para Dios, pero cuando entra en una relación con Dios, eso le costará la vida. Y punto. De esto se trata el amor. La mayoría de las personas casi nunca llegan hasta aquí. ¿Eres lo suficientemente hombre para buscar a Dios más que ninguna otra cosa?

La mayoría de los hombres están dispuestos a pasar el tiempo haciendo cualquier otra cosa —ganar dinero, ejercitarse, mirar los programas deportivos, etc.— en lugar de pasar tiempo para llegar a conocer a Dios. Yo era maestro en una escuela secundaria católica para varones. La principal discusión de cada año era: ¿qué es más importante: Dios, o los deportes? ¿Quién crees que ganó? ¡Los deportes! El deporte puede convertirse en un dios para la gente, ya que muchas veces, le dedican mucho tiempo y energía. Cada año yo tenía la misma conversación.

—Señores, ¿qué quieren hacer este año? —les preguntaba.

—Vamos a ser campeones estatales, Padre —respondían mis alumnos de aquella *escuela católica.*

—¡Vaya, campeones del estado! Señores, estoy impresionado. ¿Y qué van a hacer para llegar a ser campeones del estado?

¿Sabes lo que decían? Que tendrían que invertir cuatro horas al día, todos los días, pateando una pelota de fútbol, o lanzando una pelota de fútbol americano, o golpeando un disco de hockey; los nadadores se tendrían que despertar a las 4:30 de la mañana y empezar a nadar... y de veras lo hacían. Y hasta el día de hoy todavía lo siguen haciendo para llegar a ser campeones del estado. Ellos lo hacían con mucho gusto. ¿Te imaginas?

¡Hace años, el equipo de fútbol americano de veras llegó a ser campeón del estado! ¡Esos chicos estaban en la cima del mundo! "Míranos, somos los campeones estatales". Muchos de ellos fueron a la universidad y recibieron becas completas. Pero ahora, no están haciendo nada en lo referente a los deportes. ¡Nada! Cuando lleguen a mi edad, les dirán a sus hijos varones: "Hijo, cuando yo tenía tu edad, fui jugador del equipo campeón del estado". Y sus niños los mirarán y dirán: "Cállate, papá. Ahora no eres más que un gordo, un calvo. Eso a nadie le importa".

La gente dedica todo su tiempo y energía a cosas pasajeras que en última instancia no importan. Si yo les preguntara a esos mismos muchachos: "Jóvenes, ¿qué van a hacer este año?", responderán:

—Vamos a ser campeones del estado.

—¿Y qué van a hacer para probarme que serán campeones estatales?

Si ellos dijeran:

—Bueno, practicaremos una vez por semana, si tenemos ganas, durante 45 minutos a una hora, y tendremos buenos pensamientos sobre el juego.

Yo les diría:

—Respuesta equivocada, caballeros; ustedes van a ser un desastre en los deportes; no van a avanzar a ningún lado si solamente le dedican 45 minutos a una hora y agregan sus buenos pensamientos.

Sin embargo, al mismo tipo de muchachos les digo cada año:

—Jóvenes, ¿ustedes quieren ir al cielo?

—¡Sí, Padre! —responden ellos.

—¿Y qué van a hacer para demostrarme que quieren ir al cielo?

¿Saben ustedes cómo me responden? Puede ser que ustedes no lo crean; y también a mí me es difícil creerlo, pero cada año lo que dicen es: "Bueno, Padre, iremos a misa cuando tengamos ganas y no tengamos otra cosa que hacer por 45 minutos o una hora, dependiendo de quién sea el sacerdote, y trataremos de ser buenas personas".

¡Incorrecto!

¿Quieren decirme que Dios es un tonto? Para hacer dinero, para ser bueno en los deportes, para ser un buen jugador de golf, para ser bueno en cualquier cosa, tienes que invertir una hora tras otra, todos los días. Tienes que esforzarte mucho, y aún así podrías perderlo todo, incluso si llegas al máximo de tu carrera. Pero, para ir al cielo, el más grande de todos los regalos, la eternidad de eternidades, todo lo que algunos piensan que necesitan decir es: "Trataré de ser una buena persona, y voy a ir la iglesia de vez en cuando". ¿De verdad crees que Dios es un tonto? Déjame darte una pista: Dios no es Barney, el personaje infantil. Él no canta: "Te amo, me amas". Nosotros creemos que somos salvados por gracia, pero tenemos que recibir esa gracia y vivirla, a fin de usar los talentos que Dios nos ha dado, si queremos ser grandes en la tierra. ¿Preferirías ser grande en la tierra solamente, o ser grande a los ojos de Dios?

¿Has pensado alguna vez qué es la eternidad? Aquí hay algo que te ayudará a captar un poco de cómo será la eternidad. Si fueras a vivir hasta los cien años, tu tiempo en la tierra sería el equivalente a la parte más pequeña de un átomo, reducida mil millones de veces. Después de todo, no es mucho tiempo. ¡Es solo un abrir y cerrar de ojos!

Pero la eternidad puede ser comparada a cuando un hombre va a la orilla de alguno de los Grandes Lagos en Estados Unidos, se agacha, toma un grano de arena —un grano diminuto, un minúsculo grano de arena—, y lentamente da un paso. Tarda diez mil años para dar un paso y otros diez mil años para dar un paso más. El hombre comienza a caminar lentamente y tarda mil millones de años para llegar a la cumbre del monte Everest. Cuando consigue llegar a la cima del Everest, deja caer aquel grano de arena y poco a poco, a diez mil años por paso, camina de regreso hasta el lago. Dura miles de millones de años para volver al lago, y allí inicia de nuevo el proceso. Cuando ese hombre ha tomado cada grano de arena de cada lugar de la tierra —el fondo de todos los lagos, el fondo de los océanos, el lecho de todos los riachuelos— y lentamente se los lleva hasta la cima del Everest, a diez mil años por paso y los pone en la cima de la montaña, y camina lentamente de vuelta; y cuando ha colocado todos los granos de arena en la cima del Everest, entonces la eternidad apenas está comenzando. Esto es solo el comienzo. Sin embargo, lo que hagamos durante este breve tiempo en la tierra determina dónde pasaremos la eternidad. Nuestro tiempo en la tierra es nada, y sin embargo la eternidad lo es todo.

Cuando yo era un joven seminarista pasé un verano en el Gran Cañón, desempeñando un ministerio ecuménico. Durante el tiempo que pasé allí, todos los días salía y pasaba mi tiempo de oración en el desierto. Fue interesante. A menudo me sentí como Jesús cuando fue tentado en el desierto, y pensé: "Vaya, no me gustaría sentir esto por cuarenta días y cuarenta noches".

Recuerdo que una mañana estaba hablando con Dios, y me puse a llorar. Le dije: "Señor, cuando yo muera y me presente delante de ti, solo quiero escucharte decir: 'Bien hecho, siervo bueno y fiel'". Aquel a quien quiero complacer más que a nadie, antes de exhalar mi último aliento, es al Dios del universo. No me importa si el resto del mundo piensa que el Padre Larry era genial o terrible, ni si al resto del mundo siquiera le importa. Lo único que quiero es que el Dios del universo diga: "Hiciste lo que yo quería que hicieras". Por eso todos los días, débil como soy, trato de mantener en mente ese objetivo final. ¡Quiero hacer solo lo que a Él le agrada! Vivo para el día en que exhale mi último aliento y comparezca ante Dios en el juicio, y espero oírle decir: "Bien hecho, siervo bueno y fiel".

¿Qué quieres tú? ¿Qué quieres que el Dios del universo te diga cuando estés delante de Él en el día del Juicio Final? También, tú tendrás que comparecer ante Él algún día. ¿Qué vas a decir? ¿Estás viviendo ahora de tal manera que algún día Él te diga, "Bien hecho"?

Mientras estoy escribiendo esto, una buena amiga mía se está muriendo. Ella me llamó y me pidió que oficiara la misa en su funeral, y le dije: "A ver, todavía no te has muerto. Haz un alto. Relájate". Y ella contestó: "Deseo cerciorarme de que antes que muera esté en paz con todo el mundo". Ella, en realidad, ha estado escribiendo cartas y llamando a algunas personas, con el fin de conciliar cualquier diferencia real o percibida. Ella está haciendo la paz.

Si hoy fuera tu último día en la tierra, ¿estás en paz con todo el mundo en tu vida? ¿Estás en paz con todos en tu familia? ¿En el trabajo? ¿Hay alguien a quien aún no hayas perdonado? Tal vez tengas que trabajar en esto. Dice el Evangelio de Mateo: "Porque si ustedes perdonan a otros el mal que les han hecho, su Padre que está en el cielo los perdonará también a ustedes; pero si no perdonan a otros, tampoco su Padre les perdonará a ustedes sus pecados" (Mt 6, 14–15).

¿Has hecho lo mejor posible con tus talentos? ¿Recuerdas la parábola de los talentos en el capítulo 25 del Evangelio de Mateo? Jesús nos cuenta sobre el dueño de una hacienda que se iba al extranjero, llamó a sus siervos y les encomendó su propiedad. A uno le dio cinco talentos, a otro dos y a otro uno. Cuando regresó, el que había recibido cinco talentos se acercó y dijo: "Señor, cinco talentos me entregaste; aquí tienes otros cinco que he ganado" (Mt 25, 20 BJL). El propietario le dijo: "¡Bien, siervo bueno y fiel!" (Mt 25, 21 BJL). El que había recibido dos talentos dijo: "Señor, dos talentos me entregaste; aquí tienes otros dos que he ganado" (Mt 25, 22 BJL). Una vez más, el propietario dijo: "¡Bien, siervo bueno y fiel!" (Mt 25, 23 BJL). Por último, el que había recibido un talento se presentó ante su amo y dijo que había escondido el único talento que tenía, y explicó: "Señor, sé que eres un hombre duro... Por eso me dio miedo, y fui y escondí en tierra tu talento. Mira, aquí tienes lo que es tuyo" (Mt 25, 24–25 BJL). Y el propietario replicó: "Siervo malo y perezoso" (Mt 25, 26 BJL).

¿Has multiplicado los talentos que Dios te ha dado? ¿Los has usado para su gloria, o para la tuya propia? ¿Has utilizado los dones del Dios del universo para Él? ¿Has multiplicado esos dones, o los has enterrado? ¡Si no has estado usando bien tus talentos, ya es hora! La vida aún no ha terminado. Toma la decisión de que ninguno de tus dones será desperdiciado. Úsalos y multiplícalos, porque eso es lo importante. ¿Has sido un hombre de amor? El amor es un talento. ¿Sabe tu esposa e hijos que los amas? ¿Se lo has dicho? Cuando te miran a los ojos, ¿qué ven? ¿Ven a un hombre de amor? Como dijo san Juan de la Cruz, al final "seremos examinados en el amor".

Cuando yo era niño, mi abuela me dio una medalla. Al frente tenía una imagen de san Francisco Javier; y en el reverso, las palabras de Jesús que san Ignacio le dijo san Francisco. San Francisco Javier era un hombre muy dotado. Pero de joven era mundano... hasta que conoció a san Ignacio, quien era mayor que él. San Ignacio constantemente desafiaba a san Francisco. San Ignacio le dijo a San Francisco lo mismo que Jesucristo dijo a sus apóstoles en Marcos 8, 36 —lo mismo que estaba en el reverso de mi medalla—: "¿De qué le sirve al hombre ganar el mundo entero, si pierde la vida?"

Mi abuela me dio esa medalla cuando estaba en segundo grado, y desde entonces ha ejercido gran influencia sobre mí. Fue por eso que, a los diecisiete años, yo no podía esquivar la pregunta: "¿Qué pasa si lo gano todo y me voy al infierno? ¿Qué pasa si gano el mundo entero pero pierdo lo único que haría una diferencia? ¿Qué pasa si me convierto en un multimillonario y todo el mundo piensa que soy fantástico, y luego, cuando esté en mi lecho de muerte, me doy cuenta de que todo fue un desperdicio... que lo desperdicié en mí mismo... que no fui un hombre de amor...? ¿Qué pasa si pierdo mi alma?" Piensa en ello. Ahí es donde hay que tomar una decisión. ¿Vas a vivir para la eternidad o vas a vivir para el hoy?

Por la gracia de Dios, fui ordenado sacerdote desde hace más de veinte años. He tratado con mucha gente que estaba a punto de morir. A algunas personas les da mucho miedo. El miedo a la muerte es el miedo número uno. Hebreos 2, 14 nos dice: "Por tanto, como los hijos comparten la sangre y la carne, así también compartió él las mismas, para reducir a la impotencia mediante su muerte al que tenía el dominio sobre la muerte, es decir, al diablo" (BJL). El pasaje continúa con el fenomenal verso que pone a todo mundo en su lugar: "y liberar a los que, por temor a la muerte, estaban de por vida sometidos a esclavitud" (Heb 2, 15).

El miedo a la muerte nos hace esclavos. Tú puedes decidir pasar tu vida en la esclavitud, o pasar la vida en libertad. Necesitas tomar una decisión para responder a estas preguntas: "¿Dónde estoy en relación a la cuestión de Dios? ¿Qué estoy haciendo al respecto?" Lo que te animo a hacer —antes de que continúes leyendo este libro— es que, si en lo más profundo de tu corazón no conoces a Dios, hagas el compromiso de dedicarle tiempo. Tienes que decir: "Bien, voy a dedicar tal cantidad de tiempo, cada día, durante los próximos seis meses, para llegar a conocer a Dios". Va a llevar tiempo. El resto del libro no va a tener ningún sentido, a menos que decidas que esto es lo más importante que vas a hacer.

Si es que deseas ser un hombre, entonces sé un hombre de Dios. Si quieres ser un hombre, entonces tienes que decir: "Voy a tener que invertir tiempo, al igual que invierto tiempo para hacer dinero, tiempo para estar sano, tiempo para ver los deportes, tiempo para hacer todas estas cosas. Si se necesita tiempo para crecer en esas cosas, entonces se va a necesitar tiempo para lograr conocer a Dios". Dios debe convertirse en la cosa más importante en tu vida. El dinero no va a mantenerte vivo para siempre. Estar sano no va a mantenerte vivo para siempre. Los deportes no van a mantenerte vivo para siempre.

Déjame darte una pista: nada te mantendrá vivo para siempre a excepción de Dios. La cosa más importante que podrás hacer en tu vida es buscar a Dios. Cuando llegues a conocerlo, Él te va a enseñar cómo ser hombre.

Tres tareas que debes cumplir:

1. ¡Sé un hombre que vive con su final en mente! Escribe lo que quieres que Dios y los demás digan de ti cuando mueras. Estas deben ser tus nuevas metas en la vida. Ahora establece un plan de lo que necesitas hacer para alcanzar esas metas. ¡Sé práctico!

2. Sé un hombre que conoce a Dios. Si aún no conoces a Dios, entonces decide hoy mismo que vas a hacer cualquier cosa e ir a cualquier lugar que se requiera para llegar a conocerlo. No esperes; la vida es corta, ¡y la eternidad es para siempre!

3. Sé un hombre de oración. Comprométete a pasar por lo menos cinco minutos al día con Dios en oración, por el resto de tu vida, comenzando hoy mismo.

Preguntas para la reflexión y el diálogo

1. ¿Vives para el hoy o para la eternidad? Explícalo.

2. ¿Qué diría de ti una persona honesta si murieras hoy? ¿Qué es lo quieres que la gente diga?

3. Lee Mateo 25, 31–46. ¿Qué dice Jesús que sucederá cuando Él "venga en su gloria"? Si esto sucediera hoy, ¿de qué lado quedarías?

CAPÍTULO 2

Sé un hombre que vive como un hijo amado

Tú eres mi Hijo amado, a quien he elegido
—Marcos 1, 11

Cuando queremos saber lo que significa "ser hombre" tenemos que fijarnos en el máximo varón alfa: Jesucristo. Jesús se hizo hombre para salvarnos y para mostrarnos lo que es la verdadera hombría. Cuando reflexionamos sobre su vida, muerte y Resurrección nos vemos confrontados por la verdad de que Jesús era un hombre que se dio a los demás y que nosotros necesitamos hacer lo mismo.

¿Dónde consiguió Jesús su fortaleza en su humanidad? Para responder a esta pregunta tenemos que examinar su ministerio público. Todo su ministerio comenzó en su bautismo. Esto es muy importante para nosotros. Ten presente siempre que lo que pasa con Jesús tiene que pasarnos también a nosotros, y sí, ¡eso incluye su crucifixión!

Cuando Jesucristo fue bautizado, el cielo se abrió y el Espíritu descendió sobre Jesús; Dios Padre habló y dijo: "Tú eres mi Hijo, a quien he elegido" (Mc 1, 11). Es de aquí de donde Jesucristo, en su humanidad, obtiene su fuerza para entrar en el desierto: de saber que Él es el Hijo de Dios y de recibir el Espíritu Santo. Después de esta experiencia Él pasó cuarenta días y cuarenta noches en el desierto, reflexionando sobre el hecho de que Él era el Hijo amado del Padre y haciendo frente al tentador que trataba de apartarlo de esa verdad.

Yo creo que Jesús tenía que crecer en su conocimiento de quién era Él, y quiso hacer esto para poder parecerse a nosotros en *todas* las cosas —aunque sé que hay un gran debate sobre este punto—. Él lo sabía ya desde que era niño, en el Templo, cuando, después de haberse perdido, dijo: "¿No sabían que tengo que estar en la casa de mi Padre?" (Lc 2, 49). Él tenía el sentido de esta realidad, pero con el bautismo, cuando el cielo se abrió y oyó la voz: "Tú eres mi Hijo amado", todo cambió. Al igual que Jesús aprendió que Él era el amado del Padre, así debe ser con nosotros. Donde comenzó con Jesucristo, debe comenzar con nosotros.

Actualmente circulan muchos libros sobre el tema de la hombría, que comentan la llamada "herida del padre". Todo varón —se dice— tiene una herida causada por su padre. Se nos dice que tenemos que resolver nuestras "heridas del padre" antes de poder hacer ninguna otra cosa. Sí, me trago el mensaje, y sí, yo también tengo una herida de mi padre. Todo el mundo tiene una herida de su padre. ¿De acuerdo? Pues bien, superemos eso. No podemos pasar el resto de nuestra vida pensando: "Bueno, yo soy como soy por culpa de mi padre. Él no me amó como debió haberlo hecho. No me apreció lo suficiente. No me apoyó bastante. Él no hizo esto, ni lo otro, ni aquello otro". ¡Basta ya! ¡Es hora de ser hombre y seguir adelante! Otra vez, yo te ayudaré. Sigue leyendo.

Constantemente hay personas que vienen a mí cuando estoy en misiones y me dicen: "Padre, yo vengo de una familia disfuncional". ¿En serio? Bueno, pues únete a la multitud. Todo el mundo viene de una familia disfuncional. Señores, les voy a dar un consejo. Algún día, yo u otro sacerdote atenderá a los hijos de ustedes, y ellos van a decirnos: "Padre, yo vengo de una familia disfuncional". Sí, tus hijos estarán diciendo eso de ti un día. ¿Por qué? Porque ninguno de nosotros es perfecto. Solo ha habido dos personas perfectas —Jesús y su Madre, María—, ¡y nosotros no somos ninguno de ellos dos! Todo el mundo viene de algún tipo de familia disfuncional. Es nuestro trabajo hacerle frente a eso y superarlo. No podemos dejar que nuestras heridas sean algo que nos derribe. Tienes que tomar la decisión de dejar de vivir en el pasado y usarlo como excusa para tu disfunción particular; tienes que hacerle frente a tu pasado y luego comenzar a contemplar un futuro lleno de la esperanza. "Yo sé los planes que tengo para ustedes, planes para su bienestar y no para su mal, a fin de darles un futuro lleno de esperanza. Yo, el Señor, lo afirmo" (Jer 29, 11). ¡No dejes que tu pasado dicte tu futuro!

Cristo, por supuesto, nunca tuvo esa herida del Padre, porque Cristo tuvo un Padre perfecto. Además, Cristo tuvo el mejor padre humano y modelo a seguir en la persona de san José. San José era un hombre justo. Jesús no anduvo por ahí con una herida abierta en su interior. En cambio, nosotros no somos perfectos y sí llevamos heridas. La realidad es que la única manera de curar nuestras "heridas del padre" es dejar que Dios Padre sea nuestro Padre.

Necesitamos saber quién es nuestro verdadero Padre. Cuando Jesucristo dijo: "No llamen ustedes padre a nadie en la tierra" (Mt 23, 9), no se refería a los sacerdotes. A veces la gente se vuelve loca por esto, diciendo: "¡Ah, si usted es un sacerdote no me atreveré a llamarle padre, porque la Palabra de Dios dice: 'No llamen padre a nadie'!" Sin embargo, lo que dice Jesús no tiene nada que ver con eso. En ese tiempo ni siquiera les decían "padre" a los sacerdotes. Cuando Jesús usa ese término, Él no está diciendo que no se debe llamar padre a nadie en la tierra; lo que quería decir era que uno no debe llamar a la persona que lo engendró su verdadero padre. Solo hay un Padre para todos: ¡Dios Padre! Ese hombre al que llamas tu papá es el instrumento de la paternidad, pero no es tu verdadero Padre.

Cuando hablamos de nuestro padre —ya sea que hayamos tenido un buen padre, un mal padre, un padre cercano y de apoyo, o un padre distante que no nos apoyó en nada y al que no conocimos en absoluto—, esas diferencias no importan tanto, porque la realidad es que todos tenemos el mismo Padre que está en los cielos. Ese es el Padre que nos traerá la sanación.

El problema es que la mayoría de nosotros nunca hemos llegado a conocer a nuestro verdadero Padre. Nunca hemos oído que Dios Padre nos mire y diga: "Tú eres mi hijo amado". Nunca hemos apreciado esa verdad. La mayoría de los hombres se acercan a Dios por miedo o con la intención de ser una buena persona. Viven su vida de una manera similar a como lo hacían los fariseos. Vivir de esta manera nos hace personas que solo mantenemos las reglas, en lugar de ser personas que hacemos todo por amor a nuestro Padre.

Cuando entré al seminario, con diecisiete años, fui porque tenía miedo de morir. Sin embargo, cuando tuve aquella experiencia, llegué a saber que Dios era real. Fue entonces cuando le dije: "Lo que tú quieras, Dios, yo lo haré". Sin embargo, incluso entonces, yo no sabía que Él me amaba. Yo solo sabía que Él existía, que Dios Padre existía. Yo pensaba: "Bueno, si hago lo que Dios quiere, entonces Él me mantendrá vivo. Pero si no hago lo que Él quiere, entonces Él va a deshacerse de mí, ¿verdad?" Yo tenía la mentalidad de un chico de secundaria: "Está bien, así que Dios está vivo y yo quiero vivir para siempre, de modo que le obedeceré". Solo fui al seminario e intentaba obedecer a Dios porque tenía miedo de ir al infierno. Eso fue suficiente al principio, pero no me iba a bastar para el resto de la vida. Pensé que me presentaba ante de Dios y era célibe (ser virgen a los diecisiete años de edad, incluso en aquel entonces, no era fácil), entonces Él me aceptaría. Empero, todavía estaba preocupado, porque estar cerca de Larry —o aunque fuera el Padre Larry— durante más de una hora es demasiado para algunas personas. Pensé que incluso Dios Padre, después de un par de miles de años de estar con Larry, diría: "Bueno, ya he tenido suficiente con él", y entonces Él se desharía de mí. ¡Pum! Después de todo, Él solo tiene que decir: "Bueno, ya no quiero que existas". Y en el instante en que uno responde: "¡Tú no puedes decir...!" Ya habría desaparecido. Dios es Dios.

Yo sabía que tenía que agradar a Dios, pero no estaba tratando de agradarle por amor a Él, sino por amor propio. Me gustaba existir. El problema es que si la única razón por la que nos acercamos a Dios y lo seguimos es por miedo al infierno, entonces estamos errando el blanco. Porque si hacemos eso, ¿a quién estamos amando realmente? ¡A nosotros mismos! La idea de que yo solo hago lo que hago porque no quiero que te enojes conmigo es inherentemente egoísta.

Cuando entré al seminario, me di cuenta de que Dios era real. Traté de ser un buen seminarista, haciendo todas las cosas correctas y sin meterme en problemas. Pasé por dos años de seminario católico de nivel preuniversitario. Yo soy uno de los que llaman "seminaristas de por vida". Después del bachillerato, hice otros cuatro años de seminario de nivel universitario y luego otros cuatro años de seminario mayor. A partir de mi segundo año en el seminario mayor, decidí a ir una vez al mes a un retiro de silencio de veinticuatro horas. Cualquier persona que me conozca se puede imaginar lo difícil que era para mí estar en silencio durante todo un día. Yo siempre hacía mi retiro de veinticuatro horas en un lugar llamado una "pustinia". *Pustinia* es la palabra rusa que significa "desierto", y por lo tanto, también puede significar una pequeña cabaña o un lugar de retiro espiritual para la meditación y la oración solitaria. Es ahí donde uno espera a que Dios le hable.

Cuando estaba en mi retiro de silencio, tomaba una Biblia y me sentaba en una habitación que tenía una gran cruz sin crucifijo. La idea era que tenía que crucificarme a mí mismo. Una directora espiritual llegaba para darme pasajes de la Sagrada Biblia que tenía que leer. Yo tenía que pasar una hora en cada uno de esos pasajes. Eran pasajes cortos. Normalmente leía un pasaje una, dos, diez veces y hasta veinte veces. Tenía que destinar tiempo a la Palabra de Dios ya que la Palabra de Dios tiene el poder de transformarnos, ¿verdad? Allí estaba yo, que ya había estado orando durante ocho años y me encontraba en el segundo año de seminario mayor, pensando que ya tenía mi sistema. Oraba una vez al mes durante veinticuatro horas, y cuando estaba en el seminario de nivel universitario pasaba cuatro horas al día en oración porque pensaba que tenía que llegar a conocer a Dios. Yo estaba haciendo mis cosas buenas porque pensaba que con hacer las cosas buenas haría que Dios estuviera asequible para mí. Yo estaba delante de Él, en su presencia.

En ese tiempo, mi directora espiritual era una monja llamada sor Joan Wagner. Durante uno de esos retiros de veinticuatro horas, sor Joan vino y me encontró bastante emocionado por pasar mis veinticuatro horas a solas con el Señor. Tuvimos la siguiente conversación:

—¿Larry? —dijo ella en la forma suave que usan las monjas cuando le hablan a uno.

—¿Sí, hermana?

—¿Qué es lo que necesitas de Dios? —me preguntó.

—Oh, nada, hermana. Estoy bastante contento. Muchas gracias —le respondí.

Ella me miró y me dijo de nuevo:

—¿Larry?

—¿Sí, hermana?

—¿Qué es lo que necesitas de Dios?

—Oh, nada, hermana. Estoy bastante contento. Muchas gracias, hermana —repliqué. Sin embargo, ella era una monja persistente; estoy seguro de que has conocido a alguna monja con ese estilo.

—¿Larry?

—¿Sí, hermana?

—¿Qué es lo que necesitas de Dios?

Por fin le dije:

—Joan, no sé lo que necesito de Dios. ¿Por qué me estás preguntando esto? —Las monjas son gente muy paciente, así que ella se quedó allí hasta que finalmente añadí—: Bueno, Joan, supongo que lo que necesito de Dios ha de ser el ser más amable con la gente —La mayoría de la gente sabe que mi apodo en el seminario era "orgulloso, arrogante y agresivo Richards". ¿Te imaginas? ...Y yo que creo que soy tan dulce, amable y cariñoso—.

—Bueno, Larry, quiero que pases una hora con Isaías, capítulo cuarenta y tres, versículos del uno al cinco.

En ese momento, mi reacción fue:

—Por favor, Joan, dame otro pasaje; ¡yo uso ese todo el tiempo! Esa era la forma en que yo terminaba mis cartas personales a la gente, con el versículo cuatro de ese pasaje, y escribía: "Él te aprecia, eres de gran valor para Él, y Él te ama", y luego añadía entre paréntesis "¡Y yo también! Larry."

Ella se limitó a mirarme y dijo:

—¡Cállate y deja que Dios te diga eso, para que haya un cambio!

—Sí, Joan —¡No se puede ganar cuando se discute con una monja!

Cuando ella se fue, yo empecé a pasar mi tiempo con Dios, meditando en esos versículos. Como ya he dicho, en

Isaías 43, 4 Dios dice: "Porque te aprecio, eres de gran valor y yo te amo".

Así que, aunque yo no estaba muy entusiasmado con pasar tiempo con este pasaje, pensé en el texto de la Escritura que dice: "Más le agrada al Señor que se le obedezca, y no que se le ofrezcan sacrificios" (1 Sam 15, 22). Entonces me senté en el suelo, junto a la cama, y me puse a leer el versículo una vez, dos veces, tres veces, cuatro veces, cinco veces, diez veces, cincuenta veces. Seguí leyendo los mismos cinco versículos una y otra vez, y a medida que iba llegando al final de mi tiempo, el Espíritu Santo comenzó a moverse desde mi dura cabeza hacia mi corazón aún más duro, y empecé a sentirme incómodo. He aquí el pasaje: "Pero ahora,... el Señor que te creó te dice: 'No temas, que yo te he libertado" (Is 43, 1). La mayoría de la gente vive con miedo. La gente teme lo que va a pasar mañana. Temen al pensar si van a tener suficiente dinero. La gente teme a la muerte. Miedo. Miedo. Miedo. Dejamos que el miedo controle nuestras vidas. Sin embargo, dependiendo de la traducción de la Biblia que tengas, Dios nos dice 365 veces en su Palabra: "No temas".

A menudo he pensado en tener un calendario que ponga para cada día un versículo que contenga la frase "No temas / No teman". La gente necesita que le estén recordando no vivir con temor. Todos los días, Dios nos mira y dice: "No quiero que temas".

¿Por qué no debemos temer? Dios nos dice que no deberíamos temer, porque Él nos ha redimido. Él te ha llamado por tu nombre. ¿Cuándo fue la última vez que oraste y escuchaste a Dios decir tu nombre? ¿Probablemente nunca...? El problema es que no estamos escuchando. Piensa en ello. Si el Papa estuviera dando un discurso en Roma, frente a una multitud de un millón de personas y en medio de su discurso te mira y te llama por tu nombre, ¿qué harías? Es probable que mirarías confundido a tu alrededor. Pero él dice de nuevo: "¡Sí, tú, Fulano! ¡Ven aquí! ¡Ven aquí!" Luego envía a sus guardias suizos para buscarte. Te traen y te ponen justo al lado del Papa, que, a su vez, pone su brazo a tu alrededor y dice: "Hola, todo el mundo. Quiero que conozcan a mi amigo Fulano. Fulano, este es todo el mundo". Por el resto de tu vida te la pasarías diciendo: "¿Saben?, el Papa me llamó a mí de entre un millón de personas. Sabía mi nombre y me mostró al mundo". La gente hablaría de ti como la persona que el Papa destacó. Es probable que te regodearías un poco. ¿Y qué? El Papa sabe tu nombre. El Dios del universo, Aquel que creó todas las cosas, también sabe tu nombre. Él te llama por tu nombre cada día en la oración. Solo necesitamos escucharlo. Dios dice: "Yo te llamé por tu nombre; tú eres mío". Piensa en eso. Dios te llama por tu nombre, y le perteneces. Él nos dice: "Si tienes que pasar por el agua, yo estaré contigo, si tienes que cruzar ríos, no te ahogarás; si tienes que pasar por el fuego, no te quemarás, las llamas no arderán en ti. Pues yo soy tu Señor, tu salvador, el Dios Santo de Israel. Yo te he adquirido; he dado como precio de rescate a Egipto, a Etiopía y a Sabá, porque..." (Is 43, 2–4). Creo que el resto de este corto versículo es la razón por la cual sor Joan me había dicho que me quedara sentado allí durante una hora. Ella quería que entendiera lo que Dios quiso decir cuando dijo: "dado que eres precioso a mis ojos" (Is 43, 4 BJL). Trata de decirle a otro hombre que es precioso y cuéntame si te funciona. Pero Dios Padre te mira a ti y me mira a mí y dice: "Dado que eres precioso a mis ojos, eres estimado, y yo te amo" (ibíd.). Para entrar en una relación con Dios, tenemos que llegar sabiendo esa verdad. Debemos saber que nuestra relación comienza como allí donde Jesús comenzó, con el conocimiento de que somos amados por el Padre. El Dios del universo te mira y dice: "¡Te amo!" ¡Déjalo amarte!

Mientras leo esto una y otra vez, me acuerdo de lo que pensé cuando estudiaba para mi título en consejería. Siempre he creído que la necesidad más profunda en el corazón de todos es simplemente ser amados. No me importa lo duro que seas, o cuánto te hayas formado a ti mismo, o si eres el Papa o el presidente: lo que tú necesitas, lo que todo el mundo necesita, es ser amado. Mientras no tengamos llena esa necesidad básica, tratamos de cubrirla con otras cosas. La Madre Teresa solía decir que en la India la gente está tan hambrienta que andan por ahí y hasta recogen excrementos de perro y se los comen para tratar de llenar su vacío. Del mismo modo, muchos hombres tienen tan poca percepción de ser amados que buscan todo tipo de estiércol y se lo comen para tratar de llenar su vacío. Hasta que no sepamos que somos amados, vamos a tratar de llenar el vacío con todo tipo de cosas que Dios no quiere. Es por eso que Él nos mira y dice: "Eres precioso. . . eres estimado, y yo te amo".

Mientras estaba sentado en el suelo, leyendo el pasaje una y otra vez, empecé a decirle a Dios todas las razones por las que Él no podía amar a un tonto como yo. Me acordé de cierta confesión que había tenido con mi director espiritual, que es el exorcista de la diócesis de Erie. Nunca olvidaré que fui a esa confesión y estaba consciente de mi condición de pecador. Me encontraba en un retiro en el bosque, en tiempos del seminario de nivel universitario, y confesándole mis pecados a mi director espiritual y a Dios. Era la primera vez que me reunía con a mi director espiritual. Mientras caminábamos hacia la casa de campo para la confesión, él puso su brazo alrededor de mí y me preguntó:

—¿Cómo te llamas?

—Larry, Padre.

Entonces él me miró y me preguntó:

—Larry, ¿sabes lo mucho que Dios te ama?

—Sí, claro, Padre.

Entonces, ¡de repente sentí un golpe! El sacerdote me aporreó en la parte posterior de la cabeza y dijo:

—¡Mentiroso! —Y yo pensé: este tipo me acaba de golpear, ¡y yo me voy a confesar con él! Me puse muy nervioso. Pero yo sabía que él tenía razón. Comprendía en mi mente que era amado por el Padre; yo leía la Biblia. Pero no había experimentado en mi corazón que Dios me amaba. Si te preguntara a ti si sabes que Dios te ama, ¿mentirías tú también? Tal vez lo sepas en tu mente, pero ¿lo sabes en tu corazón?

Cuando sor Joan me hizo leer ese mismo pasaje de las Escrituras una y otra vez, la verdad es que yo aún no sabía en el fondo de mi corazón que Dios me amaba. Aunque sé que la necesidad más profunda es ser amado, al mismo tiempo, me estaba costando mucho superar mi propio 'auto-aborrecimiento'. En todos nosotros hay cosas que no nos gustan o que incluso aborrecemos. Nos comparamos con los demás. No soy tan atlético como ese. No soy tan inteligente como aquel. Yo no tengo tan buen trabajo. Por alguna razón, existe ese 'auto-aborrecimiento' en todo ser humano. No solo en los hombres. Es por eso que somos competitivos. Mientras más competitivos somos, resulta mejor que yo no sea de esta manera o de aquella, porque al menos yo soy mejor que tú. El problema con esta forma de pensar es que, finalmente, siempre hay alguien mejor que tú. Tú puedes ser hoy el rey de la montaña, pero todo el mundo quiere llegar a ser el rey de la montaña. Van a darte una paliza. Es solo un pensamiento.

Así que aquí está. En lugar de tratar de llenar superficialmente nuestro vacío interior, tenemos que aceptar que Dios el Creador del universo nos mira y nos dice: "¡Te amo, y tú eres mi hijo!" Cuando sor Joan me dio el pasaje, yo traté de decirle a Dios todas las razones por las cuales Él no podía amar a un tonto como yo. Soy orgulloso. Soy arrogante.

Quiero que las cosas se hagan a mi manera. Tengo pensamientos impuros todos los días de mi vida. Algunas personas simplemente se sientan a mi lado y piensan: "Oh, los sacerdotes nunca tienen pensamientos sexuales". ¡Ojalá fuera así! Es parte de algo con lo que tengo que luchar, de la misma forma que tú. Es solo por la gracia de Dios que me he mantenido puro a través de los años. ¡Esa es la única manera!

Así que yo estaba diciéndole a Dios todas las razones por las que no me podía amar, y, en medio de esto, comenzó mi vida espiritual. Yo estaba sentado, allí, clamando al Dios del universo. Debo mencionar que mi imagen de Dios era la de mi abuela. Así las cosas, en mi oración, tenía esta imagen de mi abuela, y no importaba lo mucho que le gritara a Dios, Él solo repetía: "Eres precioso a mis ojos, eres estimado". Mientras yo seguía diciéndole todas la razones por las que no podía amarme, Dios comenzó a llorar como solía llorar mi abuela. Recuerdo que le miré y dije: "Dios, ¿por qué estás llorando?" Dios me miró y me dijo: "Larry, me lastimas cuando no me permites que te ame".

Larry, me lastimas cuando no me permites que te ame.

Yo llamo a esta experiencia el comienzo de mi vida espiritual, porque oí dentro de mí, más claro de lo que nunca he oído algo en mi vida: "Larry" —¡sí, Él dijo mi nombre!—, "tú eres mi hijo. En Jesús, tú eres mi hijo".

"Sí, Padre" —le dije—, "yo soy tu hijo". Cada represa de mi vida se abrió de golpe. En mi mente vi llorar a mi abuela. Luego vi a Dios llorando. Yo estaba en el suelo, sosteniendo mi Biblia, llorando como un bebé porque el Dios del universo me miró y me dijo: "En Jesús, Larry, tú eres mi hijo".

Esa noche hasta miré a Dios y dije: "Háblame esta noche incluso en mis sueños". Uno no debe pedirle a Dios que le hable en sus sueños a menos que esté preparado para lo que pueda pasar. Esa noche tuve un sueño y fue un sueño extraño. Soñé que estaba en casa en Pittsburgh y todos mis amigos y familiares estaban poseídos, al estilo de Linda Blair poseída en la película *El exorcista*: vómito verde, la cabeza dando vueltas, etc. En ese tiempo, yo ni siquiera era sacerdote todavía; pero, en mi sueño, ¿qué fue lo que hice? Pues empecé a exorcizar los demonios, diciendo: "En el nombre de Jesús, deja a esa persona". ¡Nada! Lo intenté de nuevo: "En el nombre de Jesús, deja a esa persona" ¡Nada! El diablo se reía de mí, y como probablemente sepas, no puedo soportar que se rían de mí. Empecé a gritarle al diablo, pero no pasó nada. Luego, siempre dentro de mi sueño, el diablo empezó a poseerme a mí. (He contado esta historia miles de veces, y todavía, repetirla me pone la piel de gallina, porque nunca olvidaré cómo el demonio comenzó a poseerme.) Entonces miré mi mano, y vi cómo de ella salía la mano del diablo. Y en el momento en que dije: "No puedes hacerme esto", mis brazos empezaron a dar vueltas en círculo y mis rodillas se levantaron contra mi pecho. Comencé a levitar hacia el techo. Y continué gritando: "No me puedes hacer esto. ¡En el nombre de Jesús...!" Pero no pasó nada. Entonces, de repente oí en mi sueño lo mismo que había escuchado en mi oración esa noche: "Larry, él no puede hacerte esto. En Jesús, tú eres mi hijo". Y tan pronto como dije: "Sí, Padre, soy tu hijo", el demonio gritó y me dejó. Después de esta experiencia fui adonde cada uno de mis amigos y familiares, les impuse las manos y les dije: "Tú eres la hija amada de Dios. Tú eres el hijo amado de Dios".

Cuando me desperté, estaba empapado de sudor porque el sueño parecía tan real. Al día siguiente, sor Joan me preguntó:

—Bueno, Larry, ¿Dios te dijo algo anoche?

Le conté la historia que acabo de narrar. Ella me miró y me dijo:

—Larry, toda tu razón de ser en el ministerio será decirle a la gente quiénes son: que son hijos e hijas del Padre.

Tú necesitas saber quién eres. Mientras no sepas en el fondo de tu corazón que eres un hijo amado de Dios, lo único que harás será representar externamente un papel. La única manera en que vas a a llegar a conocer tu verdadera identidad es estar en silencio el tiempo suficiente para que Dios te la pueda revelar. ¡Escúchalo! Y la principal forma en que Dios nos habla, caballeros, es por medio de su Palabra. Tenemos que pasar tiempo con su Palabra. Yo llevaba años de estar pasando tiempo con su Palabra y, al igual que al principio de mi sueño, no pasó nada. Ahora sé que fue porque la leía como si fuera un libro de historia. La leía porque tenía que hacer algo. Sin embargo, cuando la hermana me dijo: "Quiero que pases una hora con cinco versículos de las Escrituras y dejes que resuenen en tu ser; deja que Dios te diga eso. Cállate y deja que Dios te hable durante una hora", las cosas empezaron a cambiar. A los cincuenta minutos de esa hora, Dios finalmente penetró con fuerza mi dura cabeza y comenzó a tocar mi corazón que era más duro aún. Tú y yo tenemos que asegurarnos de que si vamos a ser hijos del Padre, vamos a pasar tiempo meditando su Palabra. Tenemos que esperar pacientemente hasta que Dios nos revele quién es Él y nos diga quiénes somos nosotros. Él se lo dijo a Jesús.

San Agustín aseguró que la mejor manera de comunicarse con Dios es por medio de los Salmos. El Salmo 2, 7 dice: "Voy a anunciar la decisión del Señor: él me ha dicho: 'Tú eres mi hijo; yo te he engendrado hoy'".

Por favor, no trates de leer la Palabra de Dios como si estuvieras leyendo otra cosa. No dejes que ella sea otro libro que no es. Algunos hombres están tan orgullosos de leer la Biblia de principio a fin, pero ¿cambió su vida? ¿La dejaron entrar en su ser? La Palabra de Dios es tan poderosa, que tiene el poder de llegar a tu corazón y cambiarlo. Tiene el poder de cambiar tu vida. La manera en que yo le digo a la gente que lean la Palabra de Dios es comenzar con la siguiente oración al Espíritu Santo: "Espíritu del Dios vivo, habla tu Palabra a mi corazón". El único que puede hablar la Palabra de Dios, y que es el Aliento de Dios, es el Espíritu Santo. Tienes que darle permiso al Espíritu Santo para que entre en tu ser. Luego, lentamente, empieza a leer el texto bíblico una y otra vez. O cuando lo estás leyendo, léelo lentamente hasta que Dios tome su regla y te golpee en la cabeza como lo hizo conmigo cuando me dijo: "Tú eres mi hijo. ¿Lo entendiste, Richards?" — "Sí, Dios, bien clarito".

Fue un momento que cambió mi vida. Yo ya había estado orando por seis años, una hora por día como mínimo, pero no lo conseguí hasta que Dios se sentó allí, me golpeó en la cabeza y dijo: "Larry, entiende por fin de lo que se trata. No se trata de ti. Se trata de quién soy para ti. Yo soy tu Padre. Tú eres mi hijo. Ahora, ¿vas a actuar como tal? ¿Quieres actuar como mi hijo? ¿Quieres ser mi hijo en la vida real? No te limites a decir: 'Bueno, soy un cristiano. Eso es bueno. O: Esto es lo que soy, un católico; eso es bueno'".

Dedica tiempo a meditar sobre el bautismo de Jesús. Marcos 1, 11 dice: "Y se oyó una voz del cielo, que decía: 'Tú eres mi Hijo amado, a quien he elegido'". Del mismo modo, en Lucas 3, 22 está escrito: "Y el Espíritu Santo bajó sobre él en forma visible, como una paloma, y se oyó una voz del cielo, que decía: 'Tú eres mi Hijo amado, a quien he elegido'". En Jesús, tú eres un hijo amado del Padre. Detente un momento en la lectura y deja que Dios, que está contigo en este mismo instante, hable a tu corazón. Escúchalo decir: "¡Tú eres mi hijo amado, tú eres mi hijo amado, tú eres mi hijo amado!" Quédate quieto, allí con Él.

¿Lo escuchaste? Sé paciente. Él te dirá estas palabras, pero tendrás que pasar tiempo con Él.

En uno de mis programas de radio dije: "Nosotros somos adoptados por Dios". Después, una mujer me escribió en un correo electrónico: "Padre, eso no ayuda".

Yo le respondí: "¿Qué quieres decir con eso de que no ayuda?"

"Bueno, deberíamos ser hijos e hijas del Padre solo por la cuestión de la creación".

La cosa es que la mera creación no te convierte en un hijo o una hija del Padre. Eso te hace criatura de Dios. Dios es tu Creador. Por eso, cuando escuchamos esta bazofia de "Oh, no llames 'Padre' a Dios; llámalo 'Creador'", ¡eso es basura! La razón por la que eso es basura para los cristianos es porque elimina el aspecto de relación. Si yo creo un auto, yo soy el creador del auto, pero no tengo una relación con el auto. Si Dios es solo nuestro creador, eso no es suficiente. ¿Y qué? Él también creó a mi perro Rudy, pero mi perro no es un hijo del Padre. Rudy es una criatura del Creador. Hay una gran diferencia. Cuando empezamos a jugar a estos juegos con Dios y decimos: "Dios, tú eres el Creador de todas las cosas", estamos perdiendo el enfoque. Así nunca entramos en una relación con Dios. La forma en que sabemos quiénes somos es por medio del sacramento del Bautismo. La enseñanza de la Iglesia es clara. El día que tú y yo fuimos bautizados, fuimos adoptados por Dios. Cuando fuimos bautizados, el cielo se abrió al igual que con Jesús, y espiritualmente, Dios Padre, el Creador del universo, te miró y te dijo: "Tú eres mi hijo amado". Ya sea que te hayan bautizado cuando tenías un mes o a la edad de cincuenta años, Dios te miró y dijo: "Tú eres mi hijo amado". Dejaste de ser una simple creación del Padre, y te convertiste en un hijo del Padre por el poder del Espíritu Santo.

Romanos 8, 15 dice: "Ustedes no han recibido un espíritu de esclavitud que los lleve otra vez a tener miedo". Cuando somos esclavos de algo, es por miedo. Pablo dice: "Porque ya somos sus hijos, Dios mandó el Espíritu de su Hijo a nuestros corazones; y el Espíritu clama: '¡Abbá! ¡Padre!' Así pues, tú ya no eres esclavo, sino hijo de Dios" (Gál 4, 6–7). Dios quiere tener intimidad contigo y conmigo. "Intimidad" quiere decir mirar hacia dentro, conocerse a fondo. Y Dios no solo quiere conocerte a fondo a ti, sino también que tú lo conozcas a fondo a Él, y veas quién es. Él es tu Padre. Pero Él es más que tu Padre: Él es tu papá. Él es Abba, el término hebreo utilizado por Jesús, que significa "Padre". Para entender el significado del simple nombre "Abba" hay que entender que en la cultura judía a uno ni siquiera se le permitía pronunciar el nombre de Dios, Yahvé. Si uno necesitaba escribirlo, tenía que quitar las vocales porque no era digno de pronunciar ese nombre. Cuando los judíos leían las Escrituras, lo único que hacían cuando veían ese nombre era decir: "El Señor. El Señor. El Señor". Pero tanto Cristo como san Pablo dijeron que, cuando oramos, debemos decir "Abba" (ver Lc 11, 2 y Gál 4, 6). No es algo que tú decides hacer. Es algo que el Espíritu del Dios viviente, que te fue dado el día en que fuiste bautizado clama dentro de ti para que lo hagas.

Hay una diferencia entre el hecho de que tú ores y que el Espíritu de Dios ore en tu interior. Cuando nosotros oramos, podemos pensar: "¿Dije esto bien? Tengo que decir estas oraciones". Mucha gente adquiere el hábito de decir las mismas oraciones una y otra vez. Sin embargo, si solo rezas las mismas oraciones ensayadas y las repites más y más, esto puede convertirse en superstición. Estamos tratando de hacer que Dios siga nuestras instrucciones. "Dios, esto es lo que quiero". O: "Si yo quiero esto de Dios, más vale que aprenda a decirlo correctamente". O: "Si digo esas diez cosas que tienen en las bancas de la iglesia, esa oración no fallará". Estamos tratando de manipular a Dios. La manipulación no es lo mismo que tener una relación. Lo que Dios quiere es intimidad. A ver: ¿cuándo fue la última vez que, durante la oración al Padre, le clamaste: "Abba. Papito. Papá"? Esa es la primera parte de la oración.

La oración comienza con el Espíritu de Dios dentro de nosotros. El Espíritu de Dios toma el control de nuestra oración y entramos en una relación. El Padre ama al Hijo, el Hijo ama al Padre, y su amor es tan real que es el Espíritu. La acción del Espíritu consiste en atraernos hacia una relación con la Trinidad. Cuando clamamos "Abba", entramos en intimidad con el Padre. Enseguida el Padre nos sostiene y dice: "Tú eres mi hijo". Pasa tiempo con esa sencilla palabra, "Abba", repitiéndola. A veces, mi vida se torna muy agitada. Un día, por ejemplo, tuve dos funerales. Por la tarde tenía un tiempo de oración con los pastores protestantes de la zona, y luego tenía que acudir a una reunión. En el trajín de la vida, me he dado cuenta de que necesito una palabra que me ponga en la presencia de Dios. Puedo ir a mi Hora Santa por la mañana o a mitad de la noche. Necesito algo que me recuerde la presencia de Dios. Para mí, esa palabra siempre ha sido "Abba". Cuando estoy a punto de enojarme por algo, me acuerdo de la palabra "Abba". Al instante entro en la presencia de nuestro Padre. ¡Al instante! Esa es la manera en que Dios me puede controlar, en vez de que yo trate de controlar a Dios.

Señores, yo solo quiero ofrecerles esta verdad. En algún lugar tienes que encontrar quién es tu papá. No trates de encontrarlo intelectualmente; encuéntralo en tu corazón. Una buena manera es rendirse al Espíritu y centrarse en la palabra que dijo Jesús: "Abba". El Espíritu actúa dentro de nosotros y clama: "¡Abba!" Cuando Jesús nos enseñó a orar, dijo: "Padre nuestro". Abba. Entra en esa realidad.

En 1ª de Juan 3, 1 dice: "Miren cuánto nos ama Dios el Padre, que se nos puede llamar hijos de Dios, y lo somos". Si te pregunto lo que tú eres, tal vez dirás: "Soy un pecador". De acuerdo, ya todos sabemos eso. Pero, ¿qué es lo que nos hace diferentes de otros paganos del mundo? Somos los pecadores amados que son hijos del Padre. La segunda parte del versículo citado y el versículo 2 continúan la idea: "Por eso, los que son del mundo no nos conocen, pues no han conocido a Dios. Queridos hermanos, ya somos hijos de Dios. Y aunque no se ve todavía lo que seremos después, sabemos que cuando Jesucristo aparezca seremos como él, porque lo veremos tal como es". Más adelante sabremos lo que sucederá cuando tengamos la visión beatífica de Dios. Sin embargo, no tenemos que concentrarnos en eso. Ahora somos hijos de Dios.

Mucha gente nunca entiende que nuestra vida consiste en la relación. A veces se convierte simplemente en un ritual. Un ritual sin relación es hipocresía. Si nos limitamos a cumplir con el ritual de la oración, actuaremos como los fariseos. Ellos rezaban todas sus oraciones, pero sin un sentido profundo en el corazón. El ritual sin intimidad no es el plan de Dios. Necesitamos orar en los brazos de Dios.

¡Tenemos que saber lo bendecidos que somos! ¿Sabías que solo el 32% del mundo es cristiano? Sí, solo el 32%. Eso significa que de todas las personas en el mundo, solo 32 de cada 100 tienen siquiera la certeza de que Dios es nuestro Padre. En el islam, Dios es el Gran Otro. Él es todo misericordia, es todo bondad. Pero Dios no es nunca Padre. Cristo vino a revelarnos que Dios es nuestro Padre. Tenemos que realmente pasar tiempo con una de las revelaciones más singulares de Dios, por medio de Jesucristo, de que Él es mi padre y yo soy su hijo. Si alguno de ustedes es padre, nunca dejará que nadie lastime a su hijo sin vérselas primero con él. Recuerda que, cuando Dios Padre dice en el Antiguo Testamento: "Tú eres la niña de mis ojos", es decir, la pupila (véase Zac 2, 8, Deuteronomio 32, 10), en realidad está diciendo: "Yo no puedo hacer nada sin mirarte a ti". ¿Alguna vez piensas acerca de esta realidad? Nunca hay un solo momento en que Dios no esté pensando en ti. ¡Ni un momento!

Dios siempre está pensando en ti. Él siempre está contigo. Podemos compararlo con la respiración. Si dejamos de respirar, morimos. Sin embargo, ¿con qué frecuencia, a pesar de que es el centro de nuestra vida y lo que nos mantiene vivos, pensamos en la respiración? Lo mismo ocurre con la paternidad de Dios. Es el amor de Dios lo que nos mantiene vivos. Pero ¿con qué frecuencia nos detenemos a meditarlo? ¿Le dedicamos tiempo a eso? Pablo nos dice que cuando pasamos tiempo con nuestro Padre, "tú ya no eres esclavo, sino hijo de Dios" (Gál 4, 7). Ya no tendrás miedo; serás un hijo. Ya no vas a ser lastimado. Dios te mostrará lo que es un verdadero Padre. Antes de que podamos pensar en lo que tenemos que hacer, tenemos que pensar en lo que realmente somos. Solo entonces, una vez que aceptamos lo que somos, averiguaremos lo que tenemos que hacer. Porque yo soy hijo de Dios, porque tengo dentro de mí el Espíritu de Dios, esta es la forma en que voy a vivir mi vida. Ya no vivo mi vida de tal manera que llegue a ser hijo de Dios: ¡Yo soy hijo de Dios! Lo que hemos de ser después, todavía no se ha manifestado. Se inicia con un Padre y un hijo: ¡tú y Dios!

Tres tareas que debes cumplir:

1. Sé un hombre que vive como un hijo amado. Busca la quietud y deja que Dios te abrace como su hijo. Deja que Él te diga, como le dijo a Jesús: "Tú eres mi hijo amado". Después de pasar tiempo en su

abrazo, respóndele y dedícale cinco minutos para rezar el Padrenuestro desde la profundidad de tu ser, a tu Padre que está contigo.

2. Sé un hombre que lee la Biblia. Toma la decisión de pasar tiempo todos los días leyendo las Escrituras, porque es allí donde Dios te hablará y te revelará su voluntad para ti. Que tu regla de vida sea: "¡Sin Biblia, no hay desayuno; sin Biblia, no hay cama!"

3. Sé un hombre que escucha más que lo que habla. Esto comienza con tu relación con Dios. Nunca salgas de tu tiempo de oración sin darle tiempo al silencio.

Preguntas y acciones para la reflexión y el diálogo:

1. ¿Sabes realmente quién eres tú en el corazón de tu Padre Dios? Explícalo.

2. ¿Qué crees que tienes que hacer específicamente para crecer en la relación con tu Padre celestial?

3. ¿Cuáles son los obstáculos que te impiden tener un tiempo comprometido con Dios, y cómo vas a superarlos?

CAPÍTULO 3

Sé un hombre que se arrepiente

Ya se cumplió el plazo señalado, y el reino de Dios está cerca.
Vuélvanse a Dios y acepten con fe sus buenas noticias.
—Marcos 1, 15

Después de orar en el Espíritu Santo y en su humanidad, a solas con su Padre durante cuarenta días en el desierto, las primeras palabras públicas que salieron de la boca de Jesucristo fueron una proclamación de Juan el Bautista. Juan el Bautista preparaba el camino, predicando sobre el arrepentimiento. Jesús dio inicio a su predicación en el punto en que Juan el Bautista la dejó, para llevarla a una realidad más profunda. No se limita a decirle a la gente que se arrepienta. Les dice que se arrepientan y que crean en la Buena Noticia. Nuestra vida no es solo cuestión de apartarnos del mal, sino también de volvernos hacia Dios. Nuestra vida es cuestión de abrazar el camino y soltar el pasado. Debemos convertirnos en hombres nuevos.

Cristo nos enseña cómo ser hombres por medio del arrepentimiento. El problema es que a nadie le gusta arrepentirse. La mayoría de la gente hoy en día se acerca a Jesucristo en sus propios términos: "¿Qué vas a hacer por mí hoy?" o: "Si no me das lo que quiero, entonces me enojo y me voy". Jesús nos dice que tenemos que cambiar nuestra mente, nuestra actitud y nuestra forma de vida. El arrepentimiento viene de la palabra "metanoia", que significa "transformación". Si

51

verdaderamente vamos a ser discípulos de Cristo, si verdaderamente vamos a ser hombres, tenemos que dejar de huir de la realidad del pecado en nuestra vida. Tenemos que empezar a resolverlo.

En las conversaciones previas a la confesión, muy a menudo algunas personas empiezan a poner excusas por sus pecados. "Oh, Padre, yo soy así porque tuve una mala familia o porque soy débil". Todas estas cosas son ciertas, pero no vienen al caso. Si alguien te hace daño, lo que tú quieres es que se detenga y se disculpe. ¡Pasa lo mismo con Dios! Encontramos excusas por nuestros pecados, en vez de ser hombres y ser responsables.

Así que ahora vamos a explorar lo que es pecado. Antes de que podamos arrepentirnos del pecado, tenemos que reconocerlo. Así, comenzamos por el principio en el libro del Génesis. Génesis 3, 1 dice: "La serpiente era más astuta que todos los animales salvajes que Dios el Señor había creado".

¿Quién era "la serpiente"? La serpiente era el diablo (Satanás o Lucifer). El nombre "Lucifer" significa "portador de luz". Era un ángel serafín. Las personas a menudo se imaginan al diablo como un ser feo, con cuernos y un tridente, pero san Pablo nos dice que Satanás puede aparecer como un "ángel de luz" (2 Corintios 11, 14). Por lo general el diablo no se te aparecerá como algo feo. Él aparecerá como un ángel de luz, como algo que parece bueno y hermoso. Es por esto que es tan importante que nosotros, como hombres, tengamos un espíritu de discernimiento por medio del Espíritu Santo. Tenemos que tener un espíritu de discernimiento, o seremos seducidos. Nos sentimos atraídos por la belleza. Es por eso que muchos más hombres que mujeres se ven envueltos en la pornografía. Los hombres se sienten atraídos por lo exterior. Somos tentados con nuestros ojos, y el diablo lo sabe, y por eso que aparece como un ángel de luz, como algo hermoso.

A continuación, el demonio infunde dudas en nuestros corazones planteando preguntas. En el libro del Génesis, el diablo le preguntó a la mujer: "¿Así que Dios les ha dicho que no coman del fruto de ningún árbol del jardín?" (Gén 3, 1). La mujer respondió: "Podemos comer del fruto de cualquier árbol, menos del árbol que está en medio del jardín. Dios nos ha dicho que no debemos comer ni tocar el fruto de ese árbol, porque si lo hacemos, moriremos" (Gén 3, 2–3).

Entonces la serpiente dijo a la mujer: "No morirán" (Gén 3, 4).

Para ser un Dios de amor, Él tiene que darnos la posibilidad de elegir; Él no nos obligará a que lo amemos, sino que nos invita a amarlo a Él y obedecerle, o elegir hacer las cosas a nuestra manera. Así que la elección es entre la vida y la muerte.

El diablo les dice que no van a morir. Corresponde a Adán y Eva y, en última instancia, a nosotros, tomar una decisión. ¿A quién le creemos? ¿Vamos a creerle a Dios o vamos a creerle a Lucifer? Dios dijo que si pecamos, vamos a morir. Posteriormente, en Romanos, dice que "el pago que da el pecado es la muerte" (Rom 6, 23). Como ya he dicho, para nosotros, el pecado no tiene tanta importancia. Para Dios, en cambio, es algo de gran peso: le costó la vida a Jesús, y a ti te puede costar la vida.

Es como si Dios dijera: "¿A quién le vas a creer, a mí o a Lucifer?" Adán y Eva le creyeron al diablo. Creyeron en sí mismos y en el diablo, porque se vieron a sí mismos y ya no vieron a Dios. No confiaron en Él. La serpiente dice: "No morirán" (Gén 3, 4). ¡Por eso Jesús llamó a Satanás "el padre de la mentira" (Jn 8, 44)! ¿A quién le vas a creer?

Ahora, ¡por favor no le achaquemos el pecado original solamente a Eva! Eva se ganó una mala reputación, pero ¿dónde estaba Adán durante la tentación de Eva? Estaba justo al lado de Eva. Adán estaba allí con su esposa todo el tiempo. El problema era que Adán no estaba actuando como el hombre que Dios lo había creado para que fuera. Tenía que proteger a su esposa, pero Adán fue un débil. Se quedó con la boca cerrada. Tenía que haber sido un verdadero cónyuge y decirle a Satanás: "¡No vas a seducir a mi esposa, porque aquí estoy yo!" Lo mismo ocurre hoy en muchos matrimonios. Uno de los propósitos del matrimonio es hacer todo lo posible para llevar a tu cónyuge y tu familia al cielo. El marido está llamado a ser la fuerza de su esposa cuando ella es tentada. Puede ser un pecado mantener la boca cerrada cuando hay que decir la verdad en amor.

El matrimonio es un sacramento de unidad. Dios los hizo uno. Sin embargo, el pobre Adán mantuvo la boca cerrada, por lo que Eva se convirtió en presa fácil. Dios dijo que ellos podían hacer todo, excepto tomar del árbol de la ciencia del bien y del mal. Esto es importante, ya que era una prueba. Como he dicho antes, Dios tiene que darnos a elegir. Nunca obligará a ninguno de nosotros a estar con Él para siempre. En el principio, lo que Dios dijo se puede interpretar como: "¡Escuchen, pueden hacer lo que quieran; solamente no coman de ese árbol!" Todo pecado es una elección entre Dios y lo que no es de Dios, lo que es contra la voluntad de Dios.

La definición más simple del pecado es la desobediencia a Dios. Lo que sucede, especialmente con los hombres en nuestra sociedad, es que queremos hacer nuestras propias reglas. Pero Dios es Dios. Él es el que pone las reglas, y ya las ha puesto. Es increíble que un padre de familia no obedezca las reglas de Dios, especialmente porque los padres sí son muy firmes para exigir que sus hijos les obedezcan. "¡Tienes que obedecerme porque yo soy tu padre!" ¡Qué bonito! Dios Padre tiene más derecho a pedirnos, e incluso a exigirnos, y que le obedezcamos porque Él nos creó.

En la sociedad moderna nos gusta votar. Vamos a ser democráticos al respecto, decimos. Sin embargo, Dios no maneja una democracia. Dios es Dios. Si Él dice que algo está mal, y luego el 99,9% del mundo vota en contra porque creen que es correcto, aún así está mal. ¿Cierto? Vamos a suponer que tú tienes diez hijos, y ellos diez votan un día y dicen: "Papá, no nos gusta la regla que tienes de que debemos irnos a la cama a las nueve de la noche. Hemos votado en contra. Nos vamos a quedar levantados hasta la medianoche". Tú no dirías: "Ah, excelente. Como a ustedes les parezca mejor". Tú, como padre, lo que harías es darles una zurra y decirles: "¡Se van a la cama a las nueve! ¡Aquí se hace lo que yo digo!" Así que ahí tenemos al Dios del universo, y Él pone las reglas, pero el diablo dice que no le hagamos caso a alguien más.

Hace años en la televisión vi al actor Tom Cruise siendo entrevistado por la presentadora Bárbara Walters en uno de los programas de noticias. Fue más o menos así:

—Tom —comenzó Bárbara Walters.

—Sí, Bárbara —respondió Tom Cruise.

—Tú antes eras católico, ¿no?

—Sí, lo era.

—Bien, ¿y qué pasó? ¿Ahora eres qué, cienciólogo? Bueno, ¿puedes explicarnos por qué?

—Por supuesto, Bárbara —dijo Tom—. "¿Usted conoce a los cristianos, todos esos católicos y todos esos tipos de gente? Pues bien, ellos siempre tienen que seguir las reglas de alguien más. En cambio, en la cienciología, nosotros hacemos nuestras propias reglas.

Tom Cruise pensó que estaba siendo simpático, pero no fue más simpático que Adán y Eva, cuando pensaron que podían llegar a ser como Dios. ¿Quién es Tom Cruise para determinar lo que es correcto y lo que es incorrecto? ¿Quiénes somos nosotros? A muchos hombres les gusta hacer sus propias reglas, porque nos gusta ser autosuficientes. Si creemos que algo es correcto, entonces es correcto. Si creemos que es incorrecto, es incorrecto. ¿Qué estamos haciendo, entonces? Estamos tratando de tomar el lugar de Dios. Estamos diciendo: "No le voy a hacer caso a nadie más. Yo soy Dios. Yo decido". Cuando usurpamos el puesto de Dios en nuestras vidas, nos hacemos Dios, y adoramos a nuestra voluntad en lugar de obedecer a Dios. Eso no es ser hombre: eso es ser cobarde; es ser soberbio. Eso es una falacia. Olvidamos que ni siquiera podemos inhalar nuestro próximo aliento sin que Dios diga: "Bueno, te voy a dejar que inhales ese próximo aliento". Somos criaturas totalmente dependientes. Juega a ser Dios todo lo que quieras, pero un día se te demostrará que tú no eres Dios.

El Génesis continúa: "La mujer vio que el fruto del árbol era hermoso, y le dieron ganas de comerlo y de llegar a tener entendimiento" (Gén 3, 6). Todo pecado tiene esos tres componentes. Hay algo bueno en él, algo deseable, y hay algo agradable. Siempre elegimos lo que *creemos* que es bueno. Queremos hacer el bien. Cuando pecamos es porque lo queremos. Estamos eligiendo lo que es aparentemente bueno para nosotros. Tenemos el deseo de pecar, caballeros. Seamos honestos con nosotros mismos. La Iglesia Católica enseña que la "tendencia al pecado", que todos tenemos dentro de nosotros, se llama concupiscencia. La concupiscencia es lo que tenemos dentro; es un deseo de rebelarnos.

La primera cosa que muchos pecados tienen es algún tipo de placer, una especie de lujuria. Hay una gran cantidad de lujuria por ahí: la lujuria sexual, la codicia del dinero, la ambición por las posesiones. Una vez que uno le cede algo de terreno a la lujuria, un solo centímetro que sea, por lo general uno abre la puerta para ceder completamente a ella, y cuando se da cuenta toma una decisión y tendrá que vivir con las consecuencias. La primera cosa que el pecado nos hace es matarnos. Así de sencillo. El pecado siempre nos mata. ¡Dios no miente!

La segunda cosa que hace el pecado es que nos esclaviza. Jesús dijo: "Les aseguro que todos los que pecan son esclavos del pecado" (Jn 8, 34). Si tú no crees que eres esclavo del pecado, ¡entonces trata de detenerlo por tus propias fuerzas! Puedes comenzar a intentarlo, inocentemente, pero muy pronto el pecado te dominará y te convertirás en su esclavo.

La tercera cosa que el pecado hace es que te hace sentir sucio. Te hiere el alma. Te hace sentir culpable por dentro. Todas las personas tenemos conciencia, es un don de Dios. Por ejemplo, sin que nos lo enseñen, sin haber ido a la clase de catecismo, y sin leer nunca la Biblia, sabemos —hasta un pagano lo sabe— que es malo matar a nuestros hijos. Hay algo dentro de ti que dice: "Yo voy a preservar a mis hijos, y no los mataré".

La última cosa que el pecado hace es separarnos del Padre. No es un castigo. Podemos imaginar a Dios preguntando: "¿A quién le vas a creer? ¿A mí o a Satanás? ¿Vas a seguirme a mí y quieres estar conmigo, o quieres seguirlo a él y hacer lo que él quiera?" Entonces nosotros escogemos, y entonces Dios dice: "Está bien, te daré lo que quieres". Dios nos dio libre albedrío. A fin de cuentas, cuando mueras, Dios te dará para siempre lo que más amas. Él te dará lo que quieres. Si lo que quieres es otra cosa que no es Él, eso es lo que te dará. Por definición, sin embargo, eso es el infierno. El infierno es simplemente la separación de Dios. Si caes muerto en este instante, mientras lees este libro, Dios dirá: "Bueno, hijo, te amo y te daré para siempre lo que más quieres". Así que la pregunta es, ¿qué es lo que amas más que a ninguna otra cosa?

En un intento por animar a la gente a asistir a las misiones parroquiales nocturnas que predico en todo el país, yo les hago una pregunta muy simple: "Oigan, ¿cuántos de ustedes estarían aquí cada noche, si les digo que todos los que vengan a esta misión parroquial las cuatro noches recibirán un millón de dólares en la última noche?" Por lo general, todo el mundo se ríe y levanta la mano. Si yo realmente regalara el dinero, vendría gente de todas partes del mundo. ¿Por qué? Porque aman el dinero. Entonces yo les pregunto: "Si están dispuestos a venir por un millón de dólares, ¿por qué no venir porque aman a Jesús?" Lo sé, me odian, pero ¿por qué tanta gente hace cualquier cosa por dinero, pero hacen muy poco por Dios?

Muchos cristianos están realmente utilizando a Dios como su "seguro contra incendios": "Iré a la iglesia los domingos. Haré lo mínimo que tenga que hacer para no quemarme después en el infierno". Muchas de estas personas nunca llegarían a una misión o un retiro, pero sí están dispuestas a llegar desde la noche anterior para presenciar un partido en Notre Dame, y a participar en todas las actividades previas al partido, beber cerveza y pasarla bien, y pasar dos días haciendo esto y sin pestañear. ¡Vaya! Por sus acciones demuestran que aman más los deportes de lo que aman a Dios. Dios dice: "¡Elige! ¿Quieres estar conmigo o no? Y si lo haces, demuéstralo". ¡Muy simple! Demuéstrenlo, caballeros.

Una vez que sabemos qué es el pecado, debemos ocuparnos de lo que dijo Jesús: "Conviértanse y crean" (Mc 1, 15 BJL). Jesús no solo quiere que dejemos de pecar; Él quiere que dejemos de vivir nuestra vida "a nuestra manera" y empecemos a vivir la vida "a la manera de Dios". A muchos hombres les encanta la canción de Frank Sinatra "A mi manera". Es una verdadera canción para hombres. Me encanta esa canción. *"Viví, y disfruté, no sé si más que otro cualquiera; y sí, todo esto fue a mi manera."* Te das cuenta de que esa es la canción tema de los que están en el infierno, ¿verdad? Dios nos pide vivir la vida a su manera, no a nuestra manera. Jesús, el hombre perfecto, oró así: "Que no se haga lo que yo quiero, sino lo que quieres tú" (Mt 26, 39), ¡para darnos un ejemplo de cómo vivir como un hombre!

Cuando Jesús llamaba a la gente a arrepentirse, Él no les estaba hablando a los pecadores más obvios . Jesús, como lo había hecho antes Juan, les estaba hablando a los fariseos. Los fariseos estaban siguiendo a Dios a su manera. Estaban obedeciendo todas las leyes y pensaban que eso los haría santos. Pensaban que lo estaban haciendo a la manera de Dios porque seguían los mandamientos de Dios, pero no lo hacían por amor de Dios, sino por amor a sí mismos. Querían ser santos por sí mismos. Lo mismo ocurre con nosotros. No deberíamos acercarnos a Dios y seguirlo por lo que Él va a hacer por nosotros, o seguirlo porque tenemos miedo del infierno. La Iglesia siempre enseñó que el temor al infierno es suficiente para hacer que uno llegue al cielo. Es como cuando los niños hacen algo porque quieren, o porque le tienen miedo a papá. Si lo hacen solo porque le tienen miedo a papá, entonces no es por amor. Es un acto egoísta. Si la única razón por la que venimos a Cristo y le obedecemos es porque tenemos miedo al infierno, entonces, en última instancia es un motivo egoísta. Lo hago por mí; no lo estoy haciendo como un acto de amor.

Cuando yo trataba con mis alumnos de secundaria, solía tener la siguiente conversación:

—Jóvenes, ustedes nunca cometerían adulterio contra su esposa, ¿verdad? —les preguntaba.

—¡Nunca, Padre! —respondían.

—¿Por qué tú no cometerías adulterio contra su esposa? ¿Es porque el mandamiento dice que no cometerás adulterio? ¿Es por eso que no lo harías?

—Bueno, no, Padre.

—Entonces, ¿por qué no lo harías? —preguntaba yo.

—Porque la amo y no quisiera hacerle daño.

¡Ding, ding, ding, ding!

Exactamente. Mientras no lleguemos a saber que no es solo cuestión de evitar ir nosotros al infierno, siempre vamos a pecar. En cambio, cuando uno ama a Dios y decide que no quiere ofenderlo por la relación que tiene con Él, entonces es el amor que uno le tiene a Dios lo que lo mantendrá alejado del pecado. Tenemos que orar para que nuestro amor por Él crezca cada día más y más. ¡Es el amor lo que nos hará libres!

Pedir disculpas no es suficiente. Tenemos que creer en la Buena Nueva, el Evangelio. ¿Cuál es el resumen del Evangelio? Que tú eres amado por Dios. No sirve solo decir: "Voy a ser hombre y no pecaré más". Por muy hombre que seas, fracasarás si intentas hacerlo por ti mismo. El dominio propio no es suficiente. Cree en el Evangelio. Tú eres amado, y no estás solo en esto. Jesús dijo que hay que arrepentirse y creer. Él te invita a entrar en una relación íntima con Dios, tu Padre.

Cuando dirijo retiros de hombres, a menudo durante la confesión escucho algo así:

—Padre, yo he estado luchando con el mismo pecado toda mi vida durante los últimos veinte años.

—Tú no lo entiendes, ¿verdad? —digo entonces. Siempre me miran como si yo estuviera tratando de empezar una pelea; así que continúo—: Dímelo otra vez. Dime otra vez tu excusa.

—Yo siempre he estado luchando…

—Para.

—Yo siempre he sido… —intentan de nuevo.

—Detente.

—Yo siempre…

—Alto.

—Yo…

—Alto —digo una vez más, pero esta vez planteo una nueva pregunta—: ¿Cuál es el problema con lo que has estado diciendo?

El hombre baja la cabeza, piensa por un momento y entonces dice:

—Yo.

Si vas va a tratar de lidiar con tu pecado por ti mismo, vas a fallar. Déjame darte una pista. Ser cristiano no consiste en ser una persona moral. Ser moral es simplemente un síntoma, pero no es de lo que se trata. Como he dicho muchas veces, uno ve a musulmanes que viven moralmente. La mayoría de los musulmanes —no los fundamentalistas radicales— son sumamente morales. Rezan muchas veces al día; ayunan; tratan de ser buenos con todos. Son sumamente morales. También los judíos son sumamente morales. Apuesto a que hasta conoces a algunos ateos que son personas extremadamente morales. La moral no lo hace a uno discípulo de Cristo. Un discípulo de Cristo es una persona que está dispuesta a morir a sí misma y entrar en una relación con Jesús. Todas las relaciones exigen un cambio. Cuando te casas, le entregas tu vida a tu esposa y entras en esa nueva relación. Te haces uno con tu esposa. Cuando te haces discípulo de Cristo y te arrepientes, significa que renuncias a tu antigua vida y entras en una nueva vida, una relación de amor. Gálatas 2, 20 dice: "Con Cristo he sido crucificado, y ya no soy yo quien vive, sino que es Cristo quien vive en mí. Y la vida que ahora vivo en el cuerpo, la vivo por mi fe en el Hijo de Dios, que me amó y se entregó a la muerte por mí". Cuando estás luchando con el pecado, tienes que salir de tu propio camino y dejar que sea Cristo quien le haga frente. Los hombres odiamos hacer eso. Tenemos que entregar el control. Nos encanta estar en control, ¿no es así? Es mi cosa favorita. Mi pecado más grande es mi cosa favorita: querer controlar mi propia vida. Puesto que ni siquiera estoy en control de mi próximo respiro, toda la idea de control es una mentira. Tengo que darme cuenta de que Dios está en control, y entregarle mi vida a Él.

El primer paso en el arrepentimiento es permitir que el Espíritu Santo te convenza de tu pecado. No se trata de que Dios te condene, sino de que te muestre qué es lo que hay en tu vida que te lleva a la muerte y a la esclavitud. San Pablo lo deja muy claro en Romanos 8, 1: "Así pues, ahora ya no hay ninguna condenación para los que están unidos a Cristo Jesús". Dios no quiere condenarte. ¡Quiere ponerte en libertad!

Donde Él hace esto más perfectamente es a través del sacramento de la confesión. ¿Cuándo fue la última vez que fuiste a la confesión? ¡Pues bien, ya es hora! No tengas miedo, acéptalo y decide que lo vas a hacer. ¡Ve esta misma semana! Casi todos mis mejores encuentros con Dios han llegado a través de este maravilloso sacramento. Es hora de dejar de poner excusas de por qué no has ido. Dios te está invitando a casa; no le digas que no.

Ahora bien, quiero decirte cómo hacer una buena confesión. Primero, ora al Espíritu Santo y pídele que convenza a tu corazón de tus pecados, y pídele la gracia del arrepentimiento. Es solo su gracia la que te abrirá a un nuevo comienzo. Así que para ser hombre, cuando estableces una relación con Dios, primero tienes que preguntarle a Dios: "¿Qué anda mal en mi vida? ¿Qué hay en mi vida que te desagrada?" El Espíritu Santo te revelará las respuestas convenciéndote de tu pecado. El Espíritu que ha vivido dentro de ti desde tu bautismo comenzará a declarar convicto tu corazón. Vas a tener que darle permiso a Dios para declararte reo de culpa. La mayoría de nosotros nunca preguntamos a Dios por los errores que cometemos en nuestra vida, porque nos da demasiado miedo hacerles frente a nuestros pecados.

Si necesitas ayuda para saber cuáles pecados te mantienen atado en la esclavitud, aquí está la lista que yo les doy a las personas para ayudarles a examinar su conciencia antes de la confesión. No es una lista exhaustiva, pero te ayudará a empezar:

Aborto: ayudar a una mujer para que tenga un aborto, o pagar para que se lo haga

Actos homosexuales

Adulterio

Asesinato

Blasfemia: falta de respeto hacia Dios o hacia su Santo Nombre

Calumnia: decir mentiras acerca de otra persona

Celos

Chismes: hablar de los demás

Conducir de forma temeraria, poniéndote en peligro a ti mismo, a tus pasajeros o a otras personas

Control artificial de la natalidad

Desesperación: creer que Dios se negará a perdonarte

Deshonrar a la familia, la escuela, la comunidad o la Iglesia

Desobediencia a los padres/profesores

Destrucción de la propiedad ajena

Egoísmo

Embriaguez, incluyendo cualquier consumo de alcohol antes de los veintiún años

Faltar a Misa cualquier domingo o día de precepto

Grosería

Gula: comer o beber en exceso

Indiferencia ante el bien o el mal

Ingratitud

Ira injustificada

Maledicencia: contar una verdad desagradable de otra persona

Malicia: elegir deliberadamente el mal

Masturbación: acciones impuras contigo mismo

Materialismo excesivo

Mentiras

No dar a los pobres y a la Iglesia

No orar *todos* los días

Odio

Orgullo

Pensamientos impuros

Pereza

Presunción: pecar y decir que Dios *debe* perdonarte

Prostitución

Relaciones sexuales prematrimoniales, incluyendo el sexo oral, el acto sexual, las caricias impuras a otra persona

Robo

Romper promesas deliberadamente

Superstición

Toda participación en el ocultismo, como el tablero Ouija

Todo uso de drogas ilegales

Usar a otros para tu propio beneficio personal

Ver o leer material pornográfico

Ahora bien, esta lista es un buen comienzo, pero es importante ir más allá de los síntomas de nuestros pecados; más bien tenemos que ir a la raíz de nuestros pecados. A menudo nos fijamos solo en las manifestaciones externas de nuestros pecados. Si nuestro pecado es la lujuria, nos fijamos en el síntoma: relaciones sexuales fuera del matrimonio o ver pornografía. El verdadero pecado, sin embargo, es interno: no confiar en Dios, querer hacer las cosas a nuestra manera, miedo a la muerte. Pensamos: "Si tan solo pudiera arreglar esta parte de mi vida, yo estaría bien". Lo que nuestros síntomas realmente nos muestran es que no hemos rendido totalmente nuestra vida a Dios. En vez de decir: "Sigo luchando con las malas palabras", lo que deberías decir es: "Sigo luchando con las malas palabras, pero lo que tengo que hacer es entregar más mi vida a Jesús". Debemos acudir al Espíritu Santo y darle permiso para que nos revele, no solo los síntomas de nuestros pecados, esas cosas que le ofenden, sino también la raíz de nuestros pecados.

El segundo paso al arrepentimiento viene después de que hemos sido convencidos de nuestros pecados. Debemos entonces asumir la responsabilidad por ellos y luego confesarlos a un sacerdote. Ahora, algunas personas no creen que haya que confesarle los pecados a un sacerdote, pero la Sagrada Escritura afirma otra cosa. Jesús dio a los sacerdotes el poder de perdonar los pecados en Juan 20, 22–23 cuando dijo: "Reciban el Espíritu Santo. A quienes *ustedes perdonen* los pecados, les quedarán perdonados; y a quienes no se los *perdonen*, les quedarán sin perdonar" (la cursiva es mía). Más adelante, en la carta de Santiago, leemos: "Confiésense unos a otros sus pecados" (5, 16).

Cuando no queremos ir a confesarnos es por nuestro orgullo, que es realmente el núcleo de todo pecado. Es hora de humillarte y tragarte tu orgullo, ¡para que seas sanado!

La primera cosa que Dios quiere que hagas es dejar de poner excusas por tu pecado. Asume tu responsabilidad. Inventar excusas por nuestros pecados es solo otra manera de restarles importancia. Mi director espiritual a menudo terminaba mi confesión diciendo: "¿No es maravilloso que Dios ame a un tonto como tú?" ¡Por supuesto! Francamente, a veces elijo pecar. A veces me gusta enojarme. A ti también. Todos tenemos nuestros pecados principales. Jugamos y ponemos excusas, cuando deberíamos ser hombres y decir: "Esto es lo que he hecho porque elegí hacerlo. Elegí el pecado. ¡Me pesa, y por la gracia de Dios voy a dejar de hacerlo!" ¡Alto a las excusas!

Eso sí, cuando vayas a confesarte es necesario que tengas la intención de dejar de cometer los pecados. Arrepentirse significa hacer una resolución de que has terminado con el pecado. Ese es nuestro siguiente paso. Siempre vamos a estar luchando, hasta que lleguemos a arrepentirnos de veras. Yo tuve un gran amigo que se hizo pastor luterano. Estábamos en el seminario al mismo tiempo, aunque en dos seminarios distintos. Nos encantaba conversar. Nos telefoneábamos con frecuencia. Orábamos juntos. Él es un excelente hombre de Dios, aunque le encantaba decirme:

—Larry, ¿sabes cuál es el problema con ustedes los católicos?

—¿Cuál es, Doug? —decía yo. Y él explicaba:

—Ustedes los católicos siempre se están confesando, pero nunca se arrepienten—. A su modo de ver, los católicos seguían yendo a confesarse, pero nunca cambiaban.

—Pero Doug —le decía yo—, es que no entiendes la enseñanza. Para ser perdonado hay que arrepentirse, o la confesión no sirve de nada.

Tenemos que tener un arrepentimiento verdadero. Tener un corazón arrepentido significa que decidimos, una vez que el Espíritu de Dios nos convence de nuestros pecados y nos hacemos responsables de ellos, que hemos roto con esos pecados. En la Iglesia Católica, cuando uno reza el Acto de Contrición, ¿qué es lo que uno dice después de "Dios mío, me arrepiento de todo corazón de todos mis pecados.... Por eso propongo firmemente, con ayuda de tu gracia"? Lo que dice es: "no pecar más en adelante". No dice: "Voy a tratar de no pecar más". Lo que dice es que, por la gracia de Dios, uno no pecará más. Hasta que no tengamos esa intención en nuestra mente, no estaremos verdaderamente arrepentidos.

Un buen ejemplo es el de un hombre que tiene miedo a volar en avión, y que durante un año ha estado en una relación de adulterio, siendo infiel a su esposa. Si justo antes de subirse al avión se dirige a un sacerdote y le dice: "Padre, he cometido adulterio. Lo siento, Padre", mientras que en su mente está pensando: "Pero, si sobrevivo a este vuelo, voy a volver con mi querida", entonces esa confesión no es válida. Su corazón no ha decidido dejar de pecar. ¡No está perdonado!

¿Por qué necesitamos la gracia? Digamos que el Espíritu Santo te convence de tu pecado, y asumes tu responsabilidad y luego te arrepientes. Digamos que uno de tus pecados es que le gritas a tu esposa. Cuando confiesas ese pecado debes tener la intención de dejar de gritarle a tu esposa. Punto.

Para ilustrar este punto, te voy a dar otro ejemplo. Digamos que me acerco a ti y te golpeo y te quiebro los brazos, y luego, un poco más tarde regreso y te digo que lo siento y te pido perdón. Como tú eres un santo, dices: "¡Claro, Padre, yo lo perdono!" ¡Qué tipo de hombre eres!

Un par de horas más tarde, te vuelvo a ver y digo: "Hola, amigo". Entonces procedo a darte una nueva paliza, pero esta vez te fracturo ambas piernas. Mientras estás tirado en el suelo en medio de un charco de sangre, te digo: "¡Oh, lo siento mucho!"

Y puede que incluso me digas: "Está bien, Padre, usted debe haber tenido un mal día".

Entonces te veo de nuevo al día siguiente y te digo: "¡Hola, amigo!" Y tú, esta vez, un poco temeroso, dices cautelosamente: "Hola, Padre". Entonces, esta vez te propino un puñetazo en la cara y te rompo la nariz. Tratando de ignorar la sangre que te corre por la cara, te digo: "Vamos, hombre, por favor, perdóname. Lo siento mucho"; y esta vez estoy llorando.

¿Qué dirías tú? "¿Bueno, no hay problema, Padre?" ¡No, no dirías eso! Ya para entonces me dirías: "Padre, no le creo".

¿Por qué no me creerías? ¡Porque si yo realmente lo lamentara, dejaría de hacerte daño!

¡Ding, ding, ding, ding! Es lo mismo en nuestra relación con Dios Todopoderoso. Si me confieso, tengo que decir entonces: "Señor, ya no voy a cometer este pecado nunca más". La intención tiene que estar ahí. En nuestra debilidad todavía podríamos caer, pero hasta tanto la intención no esté allí, nunca resolveremos realmente nuestros pecados. Intentarlo no basta. No va a funcionar. Tú debes decir que, por la gracia de Dios, "no cometeré este pecado otra vez". Es entonces cuando se puede empezar a resolver el pecado y comenzar a arrepentirse.

Con la confesión y el arrepentimiento tiene que haber un verdadero pesar. En 2ª Corintios 7, 10 dice: "La tristeza según la voluntad de Dios conduce a una conversión que da por resultado la salvación, y no hay nada que lamentar. Pero la tristeza del mundo produce la muerte". Lo que esto significa es que deberías sentir tristeza según Dios porque estás dañando tu relación con Él, no porque te hayan pillado o porque tienes que sufrir el castigo. Digamos que me robas mil dólares y tienes miedo de que te mande a la cárcel. Vienes a mí y dices: "Oh, lo siento mucho, padre". Si yo sé que la única razón por la que te disculpas es porque piensas que voy a presentar cargos en tu contra, no voy a querer ser muy misericordioso. Pero si vienes a mí realmente triste, porque me lastimaste, voy a ser muy misericordioso.

Dios es la misericordia misma, pero cuando nos confesamos, necesitamos tener una tristeza o pesar según Dios. "Lo siento, Señor, porque te he ofendido, a ti que me amas, y yo no quiero ofenderte". Ray Boltz tiene una canción llamada "Feel the Nails" (*Siente los clavos*). La canción dice: "¿Todavía Él siente los clavos cada vez que fallo? ¿Él escucha el clamor de la turba, "Crucifícalo", otra vez? ¿Le estoy causando dolor? Entonces sé que tengo que cambiar. No puedo soportar la idea de ofenderlo". Esa canción resulta verdad cuando nos damos cuenta de que tenemos que cambiar porque le estamos causando dolor a Él.

Después de confesar tus pecados a un sacerdote, escucha los consejos que te da y luego cumple la penitencia recomendada tan pronto como sea posible. Esto te dará un nuevo gran comienzo, porque cuando te confiesas, Jesús te da una nueva vida, te libera de tu esclavitud, limpia tus pecados, y ¡te reconcilia con nuestro Padre!

Y una vez que has sido perdonado, asegúrate de acercarte a Jesús y darle las gracias por morir por ti y por tus pecados. Porque, para que Dios te perdonara, Jesucristo tuvo que morir, para que tú tuvieras vida; así que ¡vive en gratitud!

Una vez que te has disculpado con Dios, tienes que decidirte a hacer dos cosas. En primer lugar, tienes que orar para pedir fortaleza. Eso significa que vas a ir frente al Señor y le dirás: "Yo no tengo la fuerza, pero tú sí". Nosotros los católicos creemos que no nos salvamos solo por la fe o solo por las obras, sino por la fe y las obras, y esto lo hacemos por la gracia de Dios. La gracia nos salva porque no tenemos el poder de salvarnos a nosotros mismos. Tenemos que decirle a Dios: "Dios, lo siento, perdóname, pues no tengo la fuerza. Tengo la resolución para nunca hacer esto de nuevo, pero no tengo la fuerza. Me tienes que ayudar". Entonces tenemos que dar el segundo paso, que es quitarnos del camino. San Pablo luchó tres veces contra una dolorosa espina en su carne. Dice san Pablo: "Tres veces le he pedido al Señor que me quite ese sufrimiento; pero el Señor me ha dicho: 'Mi amor es todo lo que necesitas; pues mi poder se muestra plenamente en la debilidad' " (2 Cor 12, 8–9). Al igual que San Pablo, nosotros tenemos que aceptar el poder de Cristo, por medio de su Espíritu Santo.

No estamos solos en nuestra lucha con Satanás. Jesús fue a la batalla con Satanás. Después de ser bautizado, Jesús fue tentado por Satanás, y lo derrotó con la Palabra de Dios (cf. Mt 4, 1–11; Mc 1, 12–13; Lc 4, 1–13). Señores, del mismo modo, también nosotros tenemos que luchar contra Satanás.

La enseñanza católica tradicional nos dice que hay tres cosas que enfrentamos en nuestra lucha contra el pecado: el mundo, la carne y el demonio.

El mundo es simplemente la forma en que la gente ve las cosas, la forma mundana de verlas. Es seguir al mundo y sus normas en lugar de seguir a Dios y hacer su voluntad para vivir nuestra vida. Cada vez que enciendes el televisor estás siendo bombardeado con el mundo y sus creencias.

La lucha con la carne es con nuestras propias necesidades, nuestros propios apetitos y nuestros propios deseos. Se manifiesta en nuestros deseos físicos y tentaciones.

El diablo puede tentarnos, oprimirnos, o, Dios no lo quiera, poseernos. No creo que todas nuestras luchas vengan del diablo, aunque sí creo firmemente que él, "como un león rugiente, anda buscando a quién devorar" (1 Pedro 5, 8). ¡Tenemos que ser diligentes para oponernos a él! Rezar la oración a San Miguel todos los días es una excelente manera de vencer sus tentaciones. Aquí está:

> San Miguel Arcángel,
> defiéndenos en la batalla;
> sé nuestro amparo contra la perversidad y
> asechanzas del demonio.

Que Dios manifieste sobre él su poder,
es nuestra humilde súplica.
Y tú, oh Príncipe de la Milicia Celestial,
con el poder que Dios te ha conferido,
arroja al infierno a Satanás
y a los demás espíritus malignos que vagan por
    el mundo
para la perdición de las almas. Amén.

Mateo 4, 1 nos dice: "Luego el Espíritu llevó a Jesús al desierto, para que el diablo lo pusiera a prueba". Jesús hizo esto para enseñarnos cómo ser hombres de cara a la tentación, cómo ser fuertes en nuestra lucha contra el mal. Jesús ayunó y tuvo hambre. El tentador, acercándose, le dijo: "Si de veras eres Hijo de Dios, ordena que estas piedras se conviertan en panes" (Mt 4, 3). Él tentó a Jesús. Jesús le respondió: "La Escritura dice: 'No solo de pan vivirá el hombre, sino también de toda palabra que salga de los labios de Dios'" (Mt 4, 4). Con la santa Palabra de Dios, Jesús obligó a Satanás a tragarse sus palabras, y entonces Satanás se alejó de él. Si Jesús venció la tentación usando la Palabra de Dios, ¡Él nos muestra cómo nosotros podemos hacer lo mismo!

No corras. No digas: "Soy débil". No digas: "Le tengo miedo al diablo". Tenemos que confrontar al diablo cuando nos tienta. Tenemos que tomar la Palabra de Dios, que nos da el poder, y atacar con ella nuestra tentación. Invita a Jesucristo, la Palabra de Dios, a que intervenga en toda tentación. Cuando te sientas tentado, el diablo te dirá: "Mantén esto en la oscuridad. No se lo presentes a Cristo". Yo siempre les digo a los varones, cuando están siendo tentados sexualmente, que digan: "Jesús se hará cargo de esto por mí". Invítalo a que intervenga en la tentación. Él es la Palabra de Dios, y es mucho más fuerte que Satanás. Ya lo ha demostrado.

Señores, una vez que han encontrado sus pecados principales, encuentren y memoricen los versículos de las Escrituras que les ayudarán a confrontar esos pecados. Cuando están siendo tentados, recuerden la Escritura y hagan que el diablo se trague sus palabras cuando los tiente, y serán victoriosos.

En Hebreos dice: "Ustedes aún no han tenido que llegar hasta la muerte en su lucha contra el pecado" (Heb 12, 4). Esto no significa que no has muerto. Lo que significa es que todavía no has entregado totalmente tu lucha a Cristo. No has sido crucificado con Cristo. Tienes que entregarle todo a Aquel que te salvará. Disciplínate a ti mismo, y usa la Palabra de Dios. Esas cosas te ayudarán a ser victorioso y a vivir una vida de arrepentimiento. Te ayudarán a vivir esta vida de arrepentimiento en lugar de creer que eres débil. En Cristo, tú eres fuerte. No te centres en ti mismo y tus debilidades; céntrate en Cristo y su fortaleza.

Dios está esperando por ti. Ve a la confesión, ten valor y sé un hombre que se arrepiente.

Tres tareas que debes cumplir:

1. Sé un hombre que se arrepiente. Haz un buen examen de conciencia y, si eres católico, haz una buena confesión. ¡No hay excusas!

2. Sé un hombre que lucha contra la tentación con la Palabra de Dios. Después de haber descubierto tus pecados principales, busca los versículos en la Biblia y memorízalos para que puedas derrotar las tentaciones cuando surjan.

3. Sé un hombre que se esfuerza diariamente por crecer en su hombría. Haz un examen de conciencia por la noche y comprométete a confesarte al menos una vez al mes.

Preguntas y acciones para la reflexión y el diálogo:

1. Si no vas a confesarte con regularidad, ¿cuál es la razón? ¿Qué vas a hacer al respecto?

2. ¿Qué estás haciendo, o qué vas a empezar a hacer, para que tu familia llegue al cielo?

3. ¿Cómo puedo demostrar que amo a Dios sobre todas las cosas? ¿Y lo amo así?

CAPÍTULO 4

Sé un hombre que vive en el Espíritu Santo

Luego el Espíritu llevó a Jesús al desierto.

—Mateo 4, 1

¡Señores, la clave para ser un hombre de Dios es rendirse al Espíritu Santo!

Jesús, en su humanidad, siempre fue guiado por el Espíritu Santo. Si queremos ser verdaderos hombres de Dios, debemos abrazar nuestra humanidad de la misma manera que lo hizo Jesús, en el Espíritu Santo. Cuando trabajo con hombres que están tratando de discernir la voluntad de Dios, pregunto: "¿Hacia dónde te está conduciendo el Espíritu de Dios?" Normalmente responden: "No lo sé". ¡Por lo general no lo saben, porque nunca se lo han preguntado!

Nunca deberíamos tomar ninguna decisión, sobre todo decisiones importantes, sin habernos rendido primero al Espíritu de Dios. Si no nos rendimos al Espíritu de Dios, a menudo podríamos hacer nuestra voluntad en lugar de la voluntad de Dios. Esto puede meternos en problemas. Jesús, que es Dios, fue guiado por el Espíritu Santo. Cuando un individuo se hace cristiano, es necesario que haya una nueva creación dentro de él. Ser bautizado no es como graduarse, donde se celebra un evento singular. Puedes ser bautizado, e incluso confirmado, y seguir siendo un pagano si no entregas tu vida por completo al Espíritu de Dios.

En el Génesis leemos: "En el principio creó Dios el cielo y la tierra. La tierra era caos y confusión y oscuridad por encima del abismo, y un viento de Dios aleteaba por encima de las aguas" (Gén 1, 1–2 BJL). El original hebreo de la palabra "viento" es *ruah*. En hebreo, *ruah* significa viento, espíritu y aliento. Este viento que estaba por encima del caos era el Espíritu Santo. El caos está allí, y lo que pone orden en este caos es el Espíritu de Dios, el Viento de Dios.

Enseguida vemos cómo Dios hace toda la creación. En el Génesis, Él hace al hombre del polvo de la tierra, del simple polvo. Lo que le da la vida a este polvo es —de nuevo— el Espíritu de Dios que se comunica por medio del Aliento del Padre. La Escritura dice: "Entonces Yahvé Dios formó al hombre con polvo del suelo, e insufló en sus narices aliento de vida" (Gén 2, 7 BJL). Desde el principio, fue el Espíritu Santo quien nos dio la vida.

Una manera sencilla de ilustrar el Espíritu Santo es verlo como a veces lo llama la tradición: el animador. Sabemos lo que es la animación. Si uno lee las tiras cómicas dominicales, puede ver que a pesar de que la caricatura comunica algo, se trata simplemente de dibujos estáticos. Pero si uno mira estas historietas en dibujos animados en la televisión, puede ver cómo cobran vida gracias a la animación. El Espíritu es nuestro animador. Él es quien nos da la vida. Intrínsecamente, por la creación, cada uno tiene alguna porción del Espíritu de Dios, o de otro modo no tendría vida. El hecho mismo de que tú y yo existamos nos muestra que el Espíritu de Dios ya está actuando en nosotros. Y la gracia de Dios está actuando en nosotros para tratar de llevarnos a una relación más profunda con Dios por medio de su Espíritu.

A menudo se escucha la frase "nacer de nuevo". Absoluta y definitivamente, hay que nacer de nuevo. Pero ¿qué significa nacer de nuevo? A menudo la gente dice que nacer de nuevo significa que tú aceptas a Jesucristo como tu Señor y Salvador. Pero eso no es lo que dijo Jesús que significaba "nacer de nuevo". Juan 3, 1–3 nos dice: "Había un fariseo llamado Nicodemo, que era un hombre importante entre los judíos. Este fue de noche a visitar a Jesús, y le dijo: 'Maestro, sabemos que Dios te ha enviado a enseñarnos, porque nadie podría hacer los milagros que tú haces, si Dios no estuviera con él.' Jesús le dijo: 'Te aseguro que el que no nace de nuevo, no puede ver el reino de Dios". Nicodemo se sorprende y replica: "¿Y cómo puede uno nacer de nuevo cuando ya es viejo? ¿Acaso podrá entrar otra vez dentro de su madre, para volver a nacer?" (Jn 3, 4). Jesús responde: "Te aseguro que el que no nace de agua y del Espíritu, no puede entrar en el reino de Dios (Jn 3, 5).

¡Esto, por supuesto, significa el sacramento del bautismo! Así es como una persona nace otra vez. Pero el sacramento de bautismo no es mágico. ¡Nos da el don de la gracia santificante, pero nosotros tenemos que aceptar ese don! Es como darle a alguien que está arruinado y sin hogar una caja envuelta con un millón de dólares adentro, pero nunca abre el regalo y termina muriéndose de hambre. ¡Esto les ocurre a muchas personas que se llaman a sí mismos católicos o cristianos! ¡Tienes que abrir el gran regalo del Espíritu Santo que se te ha dado en el bautismo, y luego confirmado en ti en el sacramento de la confirmación, y cooperar y entregarte a Dios dentro de ti! ¡Por lo tanto, nacer de nuevo significa entregar totalmente tu vida al Espíritu de Dios vivo, que ha vivido dentro de ti desde tu bautismo! Es necesario que en la vida de cada uno haya un "antes de Cristo" y un "después de Cristo". Antes de Cristo eras un pagano, pero ahora que el Espíritu de Dios se ha puesto al mando de tu vida, has sido renovado.

Ser hombre significa que nos rendimos y dejamos que Dios controle nuestra vida. Eso es casi de manera intuitiva lo contrario de lo que queremos. Nos encanta tener el control de nuestra vida. Lo disfrutamos.

En el capítulo 16 de Juan, Jesús dice: "Pero yo les digo la verdad: Les conviene que yo me vaya; porque si no me voy, no vendrá a ustedes el Paráclito; pero si me voy, se lo enviaré; y cuando él venga, convencerá al mundo en lo referente al pecado, en lo referente a la justicia y en lo referente al juicio" (Jn 16,7–8 BJL) ¿No es asombroso? El Espíritu (el Paráclito) no es solo un ser amable. El Espíritu va a convencer al mundo de su pecado con justicia y condenación. El pecado es cuando las personas se niegan a creer en Jesús y seguirlo. La justicia se refiere al hecho de que Jesús iba a ir al Padre, y sus discípulos no lo verían más. Condena o juicio, en este contexto, significa que Jesús iba a la cruz. A continuación, Jesús dice: "Tengo mucho más que decirles, pero en este momento sería demasiado para ustedes. Cuando venga el Espíritu de la verdad, él los guiará a toda verdad; porque no hablará por su propia cuenta, sino que dirá todo lo que oiga, y les hará saber las cosas que van a suceder. Él mostrará mi gloria, porque recibirá de lo que es mío y se lo dará a conocer a ustedes" (Jn 16, 12–14). El Espíritu de Dios, según Jesús, nos va a conducir a la verdad. La verdad es algo que los hombres deben buscar. Siempre reto a los hombres a buscar la verdad por encima de todo.

Me gusta desafiar a la gente. Yo les pregunto: "¿Por qué crees? ¿Por qué eres cristiano?" A menudo me contestan: "Porque cuando yo era un bebé mi mamá y mi papá me llevaron a bautizar con un sacerdote, y cuando fui creciendo me decían: 'Mientras vivas en esta casa, esto es lo que vas a creer'". Si esa es la única razón por la que crees, entonces es el momento de madurar. Busca la verdad. La verdad no es siempre lo que te hace sentir bien. A menudo, las personas se hacen miembros de cierta iglesia porque los hace sentirse bien; pero uno nunca debe afiliarse a una comunidad eclesial porque se siente bien ahí: ¡debería ser porque enseñan la verdad!

Recibí mi bachillerato universitario en orientación de salud mental, y en la tesina final que tenía que escribir fue acerca de las sectas y cómo las personas son engañadas para unírseles. ¿Sabes cómo reclutan gente las sectas? Lo hacen mediante un "bombardeo de amor". Nunca hablan de la doctrina. No mencionan la doctrina hasta que uno es "absorbido". Ellos hablan y aman a las personas hasta que las convencen de su fe, si a eso se le puede llamar fe. Una secta se forma cuando suficientes personas dicen: "Oh, estas personas me hacen sentir bien". Pero sentirse bien no es suficiente. Sentirse bien puede llevarlo a uno al infierno. Tenemos que buscar la Verdad, y el Espíritu Santo nos conducirá a la verdad auténtica.

¿Qué es la verdad? Jesús dijo: "Yo soy el camino, la verdad y la vida" (Jn 14, 6). Si buscas la verdad, llegarás a los pies del Dios-Hombre, Jesucristo. Jesús continúa diciendo en Juan 14, 12: "Les aseguro que el que cree en mí hará también las obras que yo hago; y hará otras todavía más grandes". Jesucristo nos dijo que si tenemos fe en Él, no vas a ser simplemente un hombre, sino un hombre que puede hacer lo que Jesús hizo y cosas mayores aún. ¿Te imaginas? Cristo actuará a través de nosotros por el poder del Espíritu Santo. Este Dios que vive dentro de ti hizo una promesa por medio de Cristo Jesús, y por lo que yo sé, Jesucristo no es un mentiroso. ¡Él dijo que haremos lo que Él ha hecho y hasta mucho más que Él!

Hechos 1, 8 dice: "Cuando el Espíritu Santo venga sobre ustedes, recibirán poder y saldrán a dar testimonio de mí". No recibimos el poder para que podamos ser grandes a los ojos del mundo, o para enseñorearnos sobre los demás. Es una fuerza para servir. Hay hombres cristianos que dicen: "Pues yo estoy al mando de mi familia". Algunas veces quisiera golpearlos en la cabeza y decirles que ellos son líderes de su familia, pero no están al mando de su familia. Hay una gran diferencia. Ser líder de tu familia significa que eres el servidor de ellos. Tu esposa no está allí para cumplir todos tus caprichos. Señores, ustedes están ahí para cuidar de todos los caprichos de su esposa. Tú estás allí para morir por tu esposa. Estás ahí para ser el servidor de tu esposa. El Espíritu de Dios vivo nos da poder para servir, no poder para la autopromoción. Dios es el que está al mando de tu casa.

Si el poder de Dios nos convierte en testigos de Él, tenemos que averiguar la definición de "testigo". En griego, la palabra para decir "testigo" es μάρτυς, "mártir". Por lo tanto, Dios nos da el poder de entregar nuestra vida. De modo que el poder que recibimos del Espíritu de Dios es morir a nosotros mismos, dando testimonio de Cristo. Cada uno de los apóstoles, a excepción de Juan, murió dando testimonio de Cristo. La pregunta entonces es: ¿estás dispuesto a morir cada día para dar testimonio de Cristo? ¿Entregarás tu vida por tu esposa y tus hijos? A veces la gente juega con ese concepto. Dicen: "Sí, estoy al mando de la familia y ellos tienen que hacer lo que yo les digo. Ellos me hacen caso". Eso no es entregar la vida; eso es una racha de egoísmo. Es puro orgullo. En vez de eso debes mostrarles a Jesús muriendo por ellos. ¿No te parece genial? Por eso muchas veces digo que el celibato puede ser la vida más egoísta del mundo. Yo no tengo que renunciar al control remoto de mi televisor. Puedo ver lo que quiera y cuando quiera. El celibato tiene sus privilegios. En cambio, si eres un verdadero siervo de tu esposa, tienes que entregar el control remoto. "Aquí tienes, cariño; vamos a ver cualquier programa que tú quieras ver". Estoy seguro de que quieres ser un gran servidor, así que empieza esta noche diciéndole a tu esposa: "Querida, déjame lavar yo los platos". Hacer eso podría 'matar' a algunos de ustedes... y sería bueno.

Quiero animarte a leer y reflexionar sobre la Carta a los Romanos. Está llena de gran revelación sobre el Espíritu de Dios, y te enseñará mucho. En Romanos 8, 5 san Pablo explica la distinción entre la carne y el espíritu: "Los que viven según la carne, desean lo carnal" (BJL). ¿Qué es lo carnal? Es el dinero, el poder y la posición social. Todas estas cosas pasan. Luego Romanos dice: "Pues las tendencias de la carne son muerte; mas las del espíritu, vida y paz, ya que las tendencias de la carne llevan al odio de Dios: no se someten a la ley de Dios, ni siquiera pueden; así, los que viven según la carne, no pueden agradar a Dios" (Rm 8, 6–8 BJL). Así que la pregunta es: ¿existes para agradar a Dios o existes para agradar a tu jefe o alguna otra persona? ¿Existes para agradar al mundo? La decisión es tuya: ¿Dios o el mundo? Si estás en la carne, no puedes agradar a Dios. Sin embargo, el versículo 9 nos dice: "Mas ustedes no viven según la carne, sino según el espíritu, ya que el Espíritu de Dios habita en ustedes" (BJL). El día que tú y yo fuimos bautizados, Dios nos dio su Espíritu Santo. Dios sigue siendo fiel. No depende de ti.

Como hemos dicho antes, somos salvados por gracia. La gracia nos es dada gratuitamente, ya sea que hayamos sido bautizados siendo niños o siendo adultos. Un bebé no puede entender la gracia, pero algunos adultos que han sido bautizados tampoco la entienden. Se les ha dado este regalo, pero tienen que abrirlo. En 2 Timoteo 1, 6 dice: "Por eso te recomiendo que avives el fuego del don que Dios te dio cuando te impuse las manos". Ahora bien, recuerda que Timoteo estaba bautizado. Era sacerdote. Era un obispo de la Iglesia primitiva. Aún así, Pablo tiene que recordarle que se le ha dado el Espíritu Santo, y que cada día tiene que rendirse al Espíritu del Dios viviente. Si te rindes, no estarás obligado a vivir según la carne.

Como dije al principio de este capítulo, la clave de la vida espiritual es la entrega al Espíritu Santo. Pablo sabía esto, y por eso se lo recordó a Timoteo. Por eso quiero animarte a que tomes hoy mismo la decisión de comenzar a decir una oración diaria de entrega al Espíritu Santo. Aquí está una oración escrita por el Cardenal Mercier, que yo he repetido todos los días desde que estaba en la secundaria:

> Oh, Espíritu Santo, amado de mi alma, te adoro. Ilumíname, guíame, fortaléceme, consuélame. Dime qué debo hacer. Dame tus órdenes. Prometo someterme a todo lo que desees de mí, y aceptar todo lo que permitas que me suceda. Solo dame a conocer tu voluntad.

El Cardenal Mercier decía que si uno hace esto, su vida fluirá felizmente, serena y llena de consuelo. La sumisión al Espíritu Santo es el secreto de la santidad. Es el Espíritu de Dios el que nos hace santos.

El Papa Juan Pablo II fue un gran ejemplo de lo que el Espíritu Santo puede hacer con un hombre que diariamente se rinde ante él. Creo que Juan Pablo II nos ha dado un maravilloso ejemplo de hombría. Él cambió el mundo, y recibió la inspiración de su padre, a quien llamaba "El Capitán". George Weigel escribe:

> La oración fue algo más que el joven Karol aprendió del ejemplo de su padre viudo: "A veces me despertaba durante la noche y encontraba a mi padre de rodillas, al igual que siempre lo veía arrodillado en la iglesia parroquial". El Capitán (su padre) instaba a su hijo a rezar, todos los días, la "oración al Espíritu Santo", a través de la cual el joven Karol llegó a pensar en la vida como vocación.[1]

---

[1] George Weigel, "Prepared to Lead" ("Preparados para ser líderes"), http://www.catholiceducation.org/articles/stories_of_faith_and_character/cs0012.html.

Si tus hijos se despertaran en medio de la noche, ¿qué te encontrarían haciendo? ¡Tienes que decidirte a ser un hombre de oración, y esa oración necesita comenzar con la entrega al Espíritu Santo!

La Carta a los Romanos dice: "El que no tiene el Espíritu de Cristo, no es de Cristo" (8, 9). No eres cristiano si no tienes el Espíritu Santo. "Pero si Cristo vive en ustedes, el espíritu vive porque Dios los ha hecho justos, aun cuando el cuerpo esté destinado a la muerte por causa del pecado. Y si el Espíritu de aquel que resucitó a Jesús vive en ustedes, el mismo que resucitó a Cristo dará nueva vida a sus cuerpos mortales por medio del Espíritu de Dios que vive en ustedes" (Rm 8, 10–11). El Espíritu te permitirá vivir para siempre. Ese es un gran mensaje de esperanza. "Así pues, hermanos, tenemos una obligación, pero no es la de vivir según las inclinaciones de la naturaleza débil. Porque si viven ustedes conforme a tales inclinaciones, morirán; pero si por medio del Espíritu hacen ustedes morir esas inclinaciones, vivirán" (Rm 8, 12–13). Tenemos que vivir una vida disciplinada. El don que Dios nos ha dado es su gracia, pero al igual que un buen atleta, tienes que trabajar con esos dones y hacerlos fuertes. Proverbios 5, 23 dice: "Su indisciplina lo llevará a la muerte".

Dios también nos da los dones y los frutos del Espíritu Santo. Isaías 11, 1–3 nos dice: "De ese tronco que es Jesé, sale un retoño; un retoño brota de sus raíces. El espíritu del Señor estará continuamente sobre él, y le dará sabiduría, inteligencia, prudencia, fuerza, conocimiento y temor del Señor". Los dones del Espíritu Santo son sabiduría, inteligencia, conocimiento, consejo, fortaleza, piedad y temor al Señor.

En nuestra búsqueda por ser hombres de verdad, examinemos brevemente cómo los dones del Espíritu Santo nos animan y nos convierten en instrumentos de la gracia. En primer lugar, debes saber que estos dones vienen de Dios, no de nosotros.

Comencemos con el don de la sabiduría. Vamos a explorar este don con más detalle más adelante, pero cuando hablamos de la sabiduría, no estamos hablando de la sabiduría que viene de los libros. Estamos hablando de la sabiduría que viene de Dios. Es un don del Espíritu de Dios. Es una sabiduría diferente a la sabiduría del mundo.

¿Conoces a personas que son muy sabias en el mundo, pero que realmente son ignorantes de muchas cosas de sentido común? ¿Has conocido a gente así? Ellos piensan que lo saben todo y que tienen todo ese conocimiento, pero no tienen paz en sus corazones. ¡La sabiduría del mundo no se puede equiparar a la sabiduría de Dios!

Tenemos que mirar los ejemplos de algunos santos, como san Juan María Vianney, patrono de los párrocos. San Juan Vianney era un ignorante en los caminos de la gran educación. Ni siquiera pasó el curso de latín. Nunca iban a ordenarlo sacerdote porque pensaban que era estúpido. Pero si se le preguntaba cualquier cosa acerca de Dios, hacía llorar a la gente con su sabiduría y conocimiento de Dios. La sabiduría del mundo puede llevar a la muerte o puede desarrollarse como una bondad natural. Sin embargo, es la sabiduría que viene del Espíritu Santo la que te ayudará a tomar decisiones que van a llevarte a Dios y a una mejor comprensión de Él.

Tenemos que desarrollar el don de la sabiduría para saber lo que Dios quiere. La sabiduría de Dios perfecciona nuestra razón especulativa, para que podamos conocer la verdad.

Si eres una persona sabia y estás escuchando al Espíritu de Dios, vas a saber lo que es verdad y lo que no lo es. La gente puede preguntarte: "¿Crees que esto es de Dios, o no?" Hay que orar por ello. Hay un don carismático que es similar al don de la sabiduría. El don de discernimiento se usa para determinar si algo es verdadero o no. En todas las decisiones deberíamos usar el don de la sabiduría. ¿Cómo recibes plenamente este don? Santiago nos dice en el primer capítulo de su carta: "Si a alguno de ustedes le falta sabiduría, pídasela a Dios, y él se la dará; pues Dios da a todos sin limitación y sin hacer reproche alguno" (St 1, 5) ¡Solo hay que pedirla!

El segundo don es el don de entendimiento o inteligencia. Este don perfecciona nuestra razón especulativa y nuestra capacidad de captar la verdad. A menudo la gente lee las Escrituras y luego viene para decirme: "Padre, no entiendo. Estoy tratando, pero no entiendo". Por eso, siempre le digo a la gente que nunca lea la Palabra de Dios a menos que primero se hayan entregado al Espíritu de Dios. Si tienes el Espíritu de Dios por dentro y te entregas al Espíritu de Dios, entonces la Escritura que antes era incomprensible se vuelve evidente. Dios en su Palabra te ayudará a entender su llamado para tu vida.

El siguiente de los siete dones es el don del conocimiento. Este don te ayuda a saber cosas que de otro modo no sabría. Por ejemplo, había un sacerdote católico llamado el Padre Pío. Cuando la gente venía a confesarse con él, él ya sabía sus pecados y luego él mismo les decía a los penitentes los pecados que tenían. Recuerda que Jesús dijo: "Les aseguro que el que cree en mí hará también las obras que yo hago; y hará otras todavía más grandes" (Jn 14, 12). El Padre Pío tenía el conocimiento de las personas, porque el Espíritu de Dios se lo revelaba. El conocimiento no es otra cosa que revelación. Pedro tuvo el don de conocimiento cuando el Espíritu vino sobre él. En la Biblia, Jesús preguntó a sus discípulos: "¿Quién dice la gente que es el Hijo del hombre?" (Mt 16, 13). Las personas que no poseían el Espíritu de Dios, por decirlo así, decían que era Juan el Bautista; otros, que era Elías (Mt 16, 14). Entonces Jesús miró a sus discípulos y les preguntó: "¿Y ustedes quién dicen que soy?" (Mt 16, 15). Pedro contestó: "Tú eres el Mesías, el

Hijo del Dios viviente" (Mt 16, 16). Pedro tiene razón, y Jesús responde: "Dichoso tú, Simón, hijo de Jonás, porque esto no lo conociste por medios humanos, sino porque te lo reveló mi Padre que está en el cielo" (Mt 16, 17). Pedro tenía este conocimiento que venía de Dios, porque Dios se reveló a Pedro. Eso es diferente del conocimiento del mundo. El conocimiento del mundo nos infla y nos da orgullo. El conocimiento de Dios nos hace humildes para saber las cosas de Dios. Un modo de averiguar si es puramente humano o si es del Espíritu Santo es saber si ese conocimiento aumenta tu orgullo o si te hace humilde.

El don de consejo también se llama el don de buen juicio. Como dijo santo Tomás de Aquino, el don de consejo perfecciona nuestra razón y nos ayuda a movernos de una razón a otra.

La mejor manera de entender el don de consejo es determinar si lleva a la gente a la verdad. Cada paso que damos es un paso más cerca de Dios o un paso más hacia el infierno. Caballeros, no hay pasos neutrales. Todo lo que hacemos tiene consecuencias. ¡Todo! Lo siento si no quieres oír esto, pero es la verdad.

Cuando tengo que tomar una decisión para mí o para mi familia, tengo que preguntarme si lo que voy a hacer me va a llevar hacia Dios o me va a alejar de Él. Entonces oro al Espíritu de Dios. ¿Ves qué práctico es? El Espíritu Santo es muy práctico en nuestra vida diaria al mostrarnos cómo vivir. El problema es que la mayoría de los hombres nunca piden guía al Espíritu Santo. La mayor parte simplemente viven sus vidas y toman sus propias decisiones. Sin embargo, un hombre entregado a Dios busca la sabiduría de Dios y acata la dirección que Dios le indica. "Condúceme, Espíritu Santo. Aconséjame, Espíritu Santo, para que pueda dar el paso correcto". De manera que necesitamos escuchar y rendirnos. Eso nos ayudará mucho con nuestra familia y amigos. ¡Ellos vendrán a ti cuando necesiten ayuda porque van a sentir que tienes un corazón rendido!

El siguiente don, en el que vamos a pasar mucho más tiempo en el próximo capítulo, es la fortaleza. Fortaleza es valentía. Es tener el valor de hacer lo que es correcto, de defender la verdad. La valentía es algo de lo que los hombres hablan mucho, pero no que no muchos hombres tienen. Valentía significa defender lo que es correcto sin importar las consecuencias, incluso hasta el punto de morir.

En la Iglesia primitiva, muchos murieron por la fe. Hoy en día los fieles son tema para el chisme y son considerados locos o fanáticos. La valentía de ser cristiano significa que otras personas sepan que eres cristiano. A veces la gente me dice: "Padre, la fe es algo privado". No, no es solo algo privado. Es algo personal, sí, pero te da el poder de Dios para ser testigo. Eso significa que en el trabajo o en la escuela estás llamado a ser testigo de Cristo. ¿Estás dispuesto a ser testigo de Cristo, aún si te matan? Se necesita la valentía que viene de Dios. La valentía no es la ausencia de miedo, ¿verdad? La valentía es ir más allá de tu miedo y tomar una postura.

Un ejemplo de ello es que hoy en día, cuando hablo en retiros o hago misiones parroquiales, dejo muy claro que el aborto es incorrecto, y si tú no crees eso, entonces estás equivocado. La gente me dice que soy muy enjuiciador, pero yo digo: "No, no lo soy, yo solamente estoy diciendo la verdad". Así de sencillo. La gente me censura o me escribe cartas desagradables. Sin embargo, siempre adoptaré una posición firme, aunque resulte polémica.

En Estados Unidos, hablar de la enseñanza de la Iglesia sobre la homosexualidad se considera incorrecto. El mundo dice que no debemos andar juzgando a los homosexuales, lo cual es cierto, ¡pero hay que llevarlos a la libertad! Tenemos que amarlos, ayudarlos y animarlos, pero nunca se puede decir que un estilo de vida homosexual activa está bien.

Hace años, cuando yo era capellán en Penn State Behrend, había un grupo grande llamado Trigon, un grupo de gays y lesbianas. A veces ellos trataban de debatir con mis estudiantes católicos, pero rara vez esto fue productivo. Un domingo por la noche estaba yo oyendo confesiones, y uno de mis estudiantes entró y dijo: "¡Padre, nos están matando ahí afuera!"; era que el grupo Trigon estaba filmando a nuestros estudiantes y preguntándoles acerca de sus puntos de vista sobre la homosexualidad. Los estudiantes realmente no sabían cómo enfrentarse a ellos sin enojarse o acabar en una discusión, así que les dije que esperaran hasta después que terminara de oír las confesiones, y luego trataría de ayudarlos. Después de que acabé de escuchar las confesiones, salí a la calle. Ellos estaban listos con las cámaras y micrófonos para hablar conmigo. El entrevistador me preguntó:

—Padre, ¿podemos hacerle una pregunta?

—Por supuesto —le dije.

—¿Cree usted que los homosexuales pueden ir al cielo?

—Sí, claro.

—¿Qué? Bueno, ¿usted cree que es pecado?

—Sí, por supuesto. Al igual que la fornicación. El sexo antes del matrimonio es pecado. El pecado es pecado. Yo no estoy aquí para decir que un pecado es peor que el otro, pero he de decir que el pecado es pecado y Dios nos llama al arrepentimiento. He tenido tres amigos que han muerto de sida, todos ellos homosexuales. Cada uno de ellos estaba tratando de llenar un vacío interior. La necesidad más profunda en nuestros corazones es ser amados, y ahí es donde Dios quiere encontrarse con nosotros. Cuando andamos tratando de llenar el vacío de la carne, tenemos que seguir haciéndolo, porque el vacío crece.

Mientras yo estaba hablando así con ese hombre, él dijo: "¡Apaguen la cámara!" Y entonces se puso a llorar. Me dijo: "Padre, por favor, ayúdeme". Entonces yo compartí con él la libertad que se encuentra en Cristo Jesús.

Cuando uno toma una postura a favor de la verdad en el amor, puede dar vida a otros. Si tú y yo andamos por ahí condenando a la gente, eso no es de Dios. Él *quiere que todos se salven y lleguen a conocer la verdad* (1 Tim 2, 4). Dios nos prohíbe juzgar a los demás (Mt 7, 1). Si elegimos juzgar a los demás, lo único que vamos a lograr es mantenerlos alejados de Dios. Ellos huirán de nosotros. Si los amamos lo suficiente y les hablamos la verdad en amor, como dice Pablo, entonces podemos llevarlos a la salvación. Pero el decir simplemente: "Yo estoy bien, tú estás equivocado", es no usar el don de la fortaleza.

El don de piedad o reverencia significa que nos presentamos ante Dios con humildad. Dios nos da el don de la piedad para que podamos acercarnos a Él con mayor pureza. ¿Qué significa vivir una vida de piedad? Quiere decir que yo vivo una vida en que el Espíritu de Dios vive dentro de mí y la gente puede notarlo. Estoy viviendo la voluntad de Dios en mi vida diaria. Es necesario preguntarse: "Jesús, ¿qué quieres que haga hoy?" Luego hay que decir: "Voy a hacer eso. Dame tu mandato. Haz que te obedezca". Cuando uno puede hacer eso, entonces ya no vive por su propio poder, sino por el poder de Dios. Esa es la piedad.

El último de los dones del Espíritu Santo es el don de temor de Dios. Me encanta el temor de Dios. Sin embargo, el temor al Señor no significa que uno está aterrorizado ante Dios. San Juan dice: "Donde hay amor no hay miedo" (1 Jn 4, 18). Pero el temor del Señor es el asombro humilde delante del Dios del universo. Leemos en Hebreos 5, 7: "Mientras Cristo estuvo viviendo aquí en el mundo, con voz fuerte y muchas lágrimas oró y suplicó a Dios, que tenía poder para librarlo de la muerte; y por su obediencia, Dios lo escuchó". Cuando uno llega a saber que uno no es Dios y entra en su presencia, debe tener un temor reverente. Cada vez que entramos en una iglesia católica, tenemos que estar conscientes de que estamos en la presencia del Dios Todopoderoso. Es una cosa terrible caer en las manos de Dios. *Él está al mando y yo no. Yo lo respeto.*

La mejor forma de ver el temor del Señor es como un niño que respeta a su padre, pero le teme. El niño sabe que si hace algo indebido, habrá castigo. Pero el niño también ama a su padre porque sabe que su padre lo ama y moriría por él. Cuando llamamos a Dios Padre con el temor de Dios, llegamos a saber que Dios es nuestro Padre y tenemos un sano respeto por Él. Seremos obedientes a Él porque tememos lastimar a nuestro papá. Si una persona no ha profundizado mucho en su vida espiritual, tal vez solo tenga miedo de ser castigada por el Padre.

Tratemos esto por un minuto.

¿Crees que el Dios del universo nos castiga? Hebreos 12, 5–6 (BJL) dice: "Han echado en olvido la exhortación que como a hijos se les dirige: 'Hijo mío, no menosprecies la corrección del Señor; ni te desanimes al ser reprendido por él. Pues a quien ama el Señor, lo corrige; y azota a todos los hijos que reconoce'". ¿Qué significa "azota"? ¡Que les pega!

"Azota a todos los hijos que reconoce". ¿No te emociona? Los versículos 7 y 8 continúan: "Sufren para corrección suya. Como a hijos los trata Dios, y ¿qué hijo hay a quien su padre no corrige? Mas si quedan sin la corrección, que a todos toca, señal de que son bastardos y no hijos". Me encanta. ¿Qué es un bastardo? Un hijo ilegítimo. "Además, teníamos a nuestros padres terrestres, que nos corregían, y les respetábamos. ¿No nos someteremos mejor al Padre de los espíritus para

vivir? ¡Eso que ellos nos corregían según sus luces y para poco tiempo! Mas él, para provecho nuestro, y para hacernos partícipes de su santidad" (Heb 12, 9–10 BJL).

Han habido muchas ocasiones en mi propia vida de oración cuando estoy solo en la capilla y estoy haciendo mi hora santa, que el Dios del universo me "patea" desde un extremo de la capilla al otro porque me ama y quiere que yo sea santo. Él quiere que yo sea como su Hijo. Es lo mismo que un padre que tiene un hijo y quiere que su niña o niño sea bueno. Los padres no disciplinan a sus hijos por odio, sino por amor. Sé humilde ante Dios y dile: "Voy a hacer lo que tú quieras. Voy a confiar en ti". Todos nosotros tendremos sufrimientos en la vida. Cuando venga el sufrimiento, ¿podrás confiar en Dios mientras pasas por ese sufrimiento?

Imagina que tienes un hijo de tres años que odia las agujas. Se petrifica frente a ellas. A continuación, imagina que a tu hijo le da neumonía y necesita una inyección para salvarle la vida. Tu hijo viene llorando y te dice: "¡Papá, papá, por favor no dejes que ese doctor me haga daño! ¡Por favor, papá, no dejes que me aplique esa inyección! ¡Por favor, papá!" ¿Qué haces tú? Sostienes al niño mientras el médico le aplica la inyección. Tu hijo te mira con ojos que dicen: "Yo confiaba en ti y dejaste que ese hombre me lastimara". Por un momento él podría dudar de ti, pero tú sabías que él tenía que pasar por ese sufrimiento para poder curarse.

Dios nos conoce. Él es nuestro Padre. Él ya ha visto el final de nuestra vida. Cuando el sufrimiento llegue, Él sabe que va a estar allí para sostenernos mientras avanzamos a través de él, pero Él no nos va a quitar el sufrimiento. Jesús dijo: "En el mundo, ustedes habrán de sufrir; pero tengan valor: yo he vencido al mundo" (Jn 16, 33).

Señores, si ustedes y yo defendemos la verdad, vamos a sufrir. Así fue con Jesús. Él sufrió. Es por eso que tenemos que venir al Señor humildemente, dispuestos a hacer cualquier cosa que Él quiera. Él está con nosotros y nos ayuda dándonos su Espíritu Santo, sus dones y sus frutos.

Gálatas 5, 22–23 nos dice que hay nueve frutos del Espíritu Santo: "Lo que el Espíritu produce es amor, alegría, paz, paciencia, amabilidad, bondad, fidelidad, humildad y dominio propio. Contra tales cosas no hay ley". Los dones están allí como herramientas que nos ayudan a ser hombres, que nos ayudan a ser hijos de Dios. Los frutos del Espíritu Santo son la manera en que podemos ver los dones del Espíritu Santo en acción en nuestra vida. Muestran si tienes o no el Espíritu de Dios viviendo dentro de ti. Gálatas 5 también dice: "Procedan según el Espíritu, y no den satisfacción a las apetencias de la carne. Pues la carne tiene apetencias contrarias al espíritu, y el espíritu contrarias a la carne, como que son entre sí tan opuestos, que no hacen lo que quieren" (Gal 5, 16–17 BJL).

Así que si tú y yo nos rendimos al Espíritu del Dios Vivo, dejaremos de ceder ante la carne. Pero tenemos que asegurarnos que nos rendimos a Él cada día. El deseo de la carne es contra el Espíritu y el Espíritu contra la carne. Los dos están directamente opuestos entre sí. Es por esto que, a veces, tú haces lo que tu voluntad no tiene la intención de hacer. San Pablo hablaba de hacer todo pensamiento cautivo al Espíritu Santo. Por ejemplo, si tienes tentación sexual, no trates de escapar de ella. Invita al Espíritu del Dios Vivo para que la haga cautiva. El pecado comienza en nuestros pensamientos, y también el remedio: el Espíritu Santo.

Sería interesante hacer una encuesta de cuántas personas realmente entregan su vida cada día al Espíritu de Dios. No rendirse a la voluntad de Dios es como tratar de conducir un auto desde Pensilvania a California, pero sin gasolina. No va a funcionar. San Pablo continúa diciéndonos en Gálatas: "Pero, si son guiados por el Espíritu, no están bajo la ley. Ahora bien, las obras de la carne son conocidas: fornicación, impureza, libertinaje, idolatría, hechicería, odios, discordia, celos, iras, ambición, divisiones, disensiones, rivalidades, borracheras, comilonas y cosas semejantes" (Gál 5, 18–21 BJL). Y continúa: "…sobre las cuales les prevengo, como ya les previne, que quienes hacen tales cosas no heredarán el Reino de Dios. En cambio el fruto del Espíritu es amor, alegría, paz, paciencia, afabilidad, bondad, fidelidad, modestia, dominio de sí; contra tales cosas no hay ley" (Gál 5, 21–23 BJL). Nos recuerda: "Pues los que son de Cristo Jesús, han crucificado la carne con sus pasiones y sus apetencias. Si vivimos por el Espíritu, sigamos también al Espíritu. No seamos vanidosos provocándonos los unos a los otros y envidiándonos mutuamente" (Gál 5, 24–26 BJL). Dile no a la carne y sí al Espíritu Santo.

Para ser hombres, necesitamos el Espíritu Santo. Él nos muestra lo que es ser un verdadero hombre como Cristo. Él nos da el poder de entregar la vida cada día para ser hombres que vienen, no para enseñorearse sobre los demás, sino para servir a los demás en el amor. Hagan eso, señores, y vivirán para siempre. ¿No es esa la meta? Por lo tanto, ten valor y sé un hombre que vive en el Espíritu Santo.

Tres tareas que debes cumplir:

1. Sé un hombre que se entrega diariamente al Espíritu Santo. ¡Haz un compromiso de rezar diariamente una oración de sumisión al Espíritu Santo!

2. Sé un hombre que usa los dones del Espíritu Santo. Reflexiona sobre los siete dones del Espíritu Santo y pídele a Dios que te ayude a usarlos en tu vida. Escoge un don cada día durante los próximos siete días y humildemente pídele a Dios ese don.

3. Sé un hombre que "aviva el fuego" del Espíritu Santo que está dentro de ti. Encuentra a un amigo, un sacerdote o un diácono, e invítalo a orar por ti para que recibas plenamente al Espíritu de Dios y abras tu corazón al don que Dios te da.

Preguntas y acciones para la reflexión y el diálogo:

1. ¿Qué te ha impedido entregarte totalmente al Espíritu de Dios?

2. ¿Cómo puedes usar cada uno de los dones de Dios para tus amigos y familiares? Sé específico.

3. Lee Gálatas 5, 16–26; luego reflexiona sobre lo que hay en ti que todavía es de la carne. ¿Qué tienes que hacer para vencer la carne? Una vez más, sé específico.

CAPÍTULO 5

Sé un hombre que es fuerte

Pues Dios no nos ha dado un espíritu de temor, sino un espíritu de poder, de amor y de buen juicio
— 2 Timoteo 1, 7

Esta cita bíblica está tomada de la Biblia Dios Habla Hoy, mientras que la Biblia de Jerusalén (edición latinoamericana) traduce ese pasaje así: 'Porque no nos dio el Señor a nosotros un espíritu de timidez, sino de fortaleza, de caridad y de templanza". El término que usa la Biblia de Jerusalén, "fortaleza", me gusta porque la palabra "poder" tiene a veces connotaciones negativas. Pero la palabra griega traducida como "fortaleza" en la BJL —*dýnamis*— significa "poder". Es la palabra de donde viene nuestro término "dinamita". Así que un hombre fuerte es un hombre poderoso, pero su poder viene de Dios y no de su cuerpo físico ni de su voluntad.

¿Alguna vez has visto a un hombre grande, fuerte, potente, que tiene cáncer u otra enfermedad y que poco a poco se va marchitando? Aquel hombre que era tan fuerte se hizo débil. Si la única fuerza que tenemos es la del mundo, vamos a tener problemas. Nuestra fuerza debe provenir de Dios: "No nos dio el Señor a nosotros un espíritu de timidez, sino de fortaleza".

El Prefacio de los Mártires, que el sacerdote reza en las fiestas de los mártires, dice que el poder de Dios "convierte la fragilidad en fortaleza y al hombre débil robustece". ¡Nuestra fuerza o el poder para hacer lo que tenemos que hacer nos viene de Dios! ¡Él te elige a ti y Él no quiere que tú seas tímido, sino que quiere que vivas por el poder que Él ha decidido darte, viviendo tu vida no en la derrota y debilidad, sino en el poder y la fuerza de Dios!

Tenemos una opción: podemos centrarnos en nuestras debilidades o podemos centrarnos en la fuerza de Dios. Podemos poner excusas cada día de nuestras vidas o podemos decir: "Sí, por mí mismo soy débil, pero en el Señor soy fuerte. Es su gracia la que me hace fuerte". En forma constante hemos de decir: "Dios, yo soy débil, pero tú eres fuerte. Hoy, Señor, no voy a centrarme en mis debilidades; me voy a centrar en tu fuerza dentro de mí". Cada día es una verdadera elección.

Para ser hombres de verdad tenemos que meditar en los dones que Dios nos dio, y su fortaleza es uno de ellos. Me encanta lo que Dios le dijo a Josué cuando iba a comenzar a conducir al pueblo de Israel:

> Ten valor y firmeza, que tú vas a repartir la tierra a este pueblo, pues es la herencia que yo prometí a sus antepasados. Lo único que te pido es que tengas mucho valor y firmeza, y que cumplas toda la ley que mi siervo Moisés te dio. Cúmplela al pie de la letra para que te vaya bien en todo lo que hagas. Repite siempre lo que dice el libro de la ley de Dios, y medita en él de día y de noche, para que hagas siempre lo que este ordena. Así todo lo que hagas te saldrá bien. Yo soy quien te manda que tengas valor y firmeza. No tengas miedo ni te desanimes porque yo, tu Señor y Dios, estaré contigo dondequiera que vayas (Josué 1, 6–9).

Si te fijas en cada verdadero héroe de las Escrituras, encontrarás que a todos ellos básicamente se les dijo que tuvieran valor y fueran hombres, y que fueran fuertes porque Dios estaba con ellos. Por lo tanto, no tengas miedo, porque también Dios está contigo. Pero no creas que eres fuerte por ti mismo. Cada vez que el orgullo de la fortaleza venga sobre ti, y creas que eres fuerte, acuérdate de tu aliento de vida. Se te puede retirar en un segundo. Ese pensamiento nos debe dar la humildad apropiada.

Parte de ser fuerte es asumir la responsabilidad de dónde estás en la vida. Fueron nuestras decisiones las que nos trajeron a cada uno de nosotros al punto en que nos encontramos. Incluso si te han tratado mal —y a todo el mundo lo han tratado mal, de un modo u otro—, lo que haces con tu suerte es lo que determina lo que te sucede. La gente dice: "Padre, yo soy así, porque cuando era niño abusaron de mí; o porque tuve un mal padre; o porque yo no era tan inteligente como el resto de los niños, o si tan solo hubiera sido más atlético". ¡Excusas, excusas, excusas!

Siempre escucho excusas sobre el pasado de las personas. Señores, ustedes nunca crecerán en fortaleza, nunca crecerán en el Señor, hasta que asuman la responsabilidad y empiecen a tomar las decisiones necesarias para su futuro. Sepan que cada decisión que adopten va a afectar su futuro, así que, a partir de este momento, asuman la responsabilidad.

Un gran ejemplo de esto en las Escrituras es cuando Pedro vio a Jesús caminando sobre el agua y quiso ir a Él (cf. Mt 14, 22–33). Jesús le dijo a Pedro que viniera a Él, por lo que Pedro comenzó a caminar hacia Jesús. Mientras mantuvo su mirada en Jesús, la fuerza y el poder que provenían de Cristo le permitieron caminar sobre el agua, pero tan pronto como se contempló a sí mismo y a su debilidad, pensando probablemente: "Yo soy débil, no puedo caminar sobre el agua", o pensando: "Oh, Dios mío, hay una tormenta", empezó a hundirse. Si vamos a ser fuertes, no podemos mirarnos a nosotros mismos ni podemos quedarnos mirando las circunstancias. Tenemos que mirar al Señor y su fuerza y su poder, sabiendo que podemos hacer cualquier cosa porque es Cristo quien nos da la fuerza. Esto dice en Filipenses: "Todo lo puedo con Aquel [Jesús] que me da fuerzas" (4, 13 BJL). ¿Crees eso? "Pero, Padre, mi pasado fue terrible". Podemos hacerlo *todo*. Si creemos eso, siempre tendremos esperanza. Podemos cambiar el mundo.

Mi lema por la Fundación Razón de Nuestra Esperanza (*The Reason for Our Hope Foundation*) es: "Tu vida cambiará para siempre". Otro anfitrión, el doctor Ray Guarendi, una vez me preguntó a manera de broma: "¿No crees que eres un poco petulante? ¿No podrías decir 'cambiará por una semana', 'cambiará por un día', o 'cambiará por un par de horas'? ¿De veras crees que la gente va a cambiar para siempre?" Yo le respondí simplemente: "¡Por supuesto que sí!"

Ahora bien, por supuesto que tú sabes que las personas no cambian debido a mí, sino que cambian a causa de Dios. Tenemos que centrarnos en él, no en su instrumento. Dios puede usar a cualquier burro, y es por eso que yo encajo ahí muy bien. Él quiere usarte también a ti, en caso de que te lo estés preguntando.

Con nuestra fuerza proveniente de Dios, estamos llamados a tener una vida disciplinada. Otra palabra para la disciplina es "dominio propio".

En el capítulo anterior cité un versículo de Proverbios que dice: "Su indisciplina lo llevará a la muerte; su gran necedad, a la perdición" (5, 23). Nosotros, como hombres, necesitamos tener una vida disciplinada. Cuando preparo parejas para el matrimonio, le pregunto a cada uno de ellos: "¿Usted ha estado yendo a la iglesia?" Por lo general, cada pareja sale con alguna excusa, y los hombres son los peores. Yo les digo: "¡Usted no es una persona disciplinada!" La decisión es tuya. Si no tienes una vida disciplinada, no crecerás en fortaleza. Hace unos años me dijeron que era diabético y tenía que disciplinarme a mí mismo. Perdí veinticinco kilos. Hice ejercicio. Comí los alimentos adecuados. Lo estaba haciendo muy bien, y mi nivel de azúcar estaba controlado. Pero con el tiempo me cansé de la dieta y de disciplinarme a mí mismo. Me puse a comer lo que quería y subí quince kilos. Mi azúcar en la sangre se fue por las nubes. Si me muero, no va a ser culpa de Dios, sino culpa de una persona: Larry Richards. ¿Por qué? Porque yo *elegí* no disciplinar mi vida. Habría muerto si hubiera continuado ese estilo de vida, así que tuve que volver a optar por una vida disciplinada.

Pero no es simplemente disciplina física lo que necesitamos tener; es más importante tener disciplina espiritual. Hace años, antes de mi ordenación, yo dirigía un grupo grande de jóvenes en la Iglesia Nuestra Señora de la Paz. Uno de los chicos —que más tarde llegó a ser un jugador profesional de fútbol americano— me llamó y me preguntó:

—Oye, Larry, ¿quieres jugar raquetbol?

—Yo no sé jugar raquetbol —contesté.

—Está bien, te voy a enseñar —dijo. ¿No fue un buen gesto de ese chico? Estaba en la universidad e iba a enseñarme a jugar raquetbol.

—Claro que iré—. Yo hacía ejercicio todo el tiempo. Así que cuando llegamos a la cancha y solo golpeábamos la pelota, pensé: "Puedo manejar esto. Me sale bastante bien".

El muchacho dijo:

—Bueno, Larry, la única manera de progresar en raquetbol es jugar un partido. Así que vamos a jugar un partido.

—Está bien, hijo, démosle a un partido.

Tan pronto como empezamos a tocar la pelota, el hombre se puso muy competitivo. No iba a ser fácil para el de mayor edad. ¡Pum! Me ganó un partido. ¡Pum! Me ganó dos partidos. Casi gané el tercer juego, pero perdí. Cuatro partidos, ¡pum! Cinco juegos, y este chico me había derrotado.

Luego empezó a saltar y saltar gritando: "¡Eres débil!" Me enojé bastante. Le grité: "¡Conque me ganaste! Grandioso. Era la primera vez que jugaba". Pero eso a él no le importaba, pues estaba feliz de que podría decirle a todo el mundo: "Yo derroté a Larry". Así que me fui a tomar una ducha. Era uno de los gimnasios con duchas grupales. ¿No te encantan las duchas grupales? Yo era el único en la ducha grupal y estaba casi listo, cuando este chico de la universidad que me acababa de vencer en cinco ocasiones, entró caminando. Mientras me retiraba, me mira y dice: "Yo me paso dos horas cada día ejercitando mi cuerpo". ¡Vaya! Esto me empezó a preocupar un poco porque éramos los únicos dos en la ducha. Le encantaba hablar de sus músculos abdominales: su "paquete de seis". (Tal vez él tenía un 'paquete de seis', pero yo tengo una caja entera.) Y continúa: "Tengo estos abdominales". Yo lo paré en seco y le dije:

—¿Puedo hacerte una pregunta?

—Por supuesto —respondió.

—¿Cuánto tiempo pasas cada día ejercitando tu alma?

—¿La pura verdad?

—La pura verdad —repetí.

Él se puso buscar a tientas sus palabras y luego dijo:

—Dos minutos.

—Dos minutos, ¿eh? —Entonces pregunté—: ¿Para quién vives tú?

—Larry, yo voy a la iglesia todos los domingos —contestó él.

—Escucha, pagano —le dije—. No te pregunté si vas a la iglesia los domingos. Pregunté para quién vives.

—Supongo que para mí mismo —dijo.

—Sí, supongo que sí. Haces ejercicio todos los días, todos los días, todos los días para conseguir esas ondulaciones en el estómago, y si tienes suerte, demasiada suerte, podrás vivir hasta los cien años; aunque podrías tener éxito como jugador de fútbol, así que probablemente morirías a los cincuenta y cinco. Cuando caigas muerto, van a echarte en un hoyo de dos metros de profundidad y te van a echar tierra encima, y luego todo el mundo va a regresar a casa y comerán ensalada de papas—. Y entonces continué—: He estado en una gran cantidad de funerales a lo largo de estos años y ni una sola vez he oído a alguien decir en la funeraria: '¿Viste los abdominales de este difunto?' Ni una sola vez. Apuesto a que es porque a nadie le importa. Esos músculos abdominales muy pronto se convertirán en carne de gusano—. Hice un ruido como de masticar, y continué—: ¿Qué hay de tu alma? Si tienes que hacer ejercicio dos horas al día para obtener esos músculos abdominales, ¿cuánto más tendrás que ejercitarte espiritualmente para asimilar la gracia que Dios te ha dado y ser fuerte en el Señor? ¿Cuánto más?

En fin, yo no entiendo. Los mismos hombres que se pasan horas y horas de un día ejercitando su cuerpo, por pura vanidad, responden a la pregunta sobre la cantidad de tiempo que dedican a orar diciendo: "Padre, rezo y hago ejercicio al mismo tiempo". Entonces tengo que acercarme a ellos y golpearlos con el dorso de mi mano. Hay que escuchar al Señor. Tú necesitas disciplinarte espiritualmente tanto como te disciplinas físicamente. ¡Tienes que hacerlo! La consecuencia de tu incumplimiento en ser espiritualmente disciplinado es que se sofoca el crecimiento de la gracia que se te ha dado. Así como tienes que disciplinar tus músculos si quieres que crezcan, si quieres ser fuerte en el Señor necesitarás una vida de oración disciplinada. Disciplina significa simplemente tomar una decisión y apegarse a ella.

Al comienzo de este libro les dije a todos ustedes que es hora de mirar el final de nuestras vidas y trabajar de ahí hacia atrás. Espero que me hayas tomado en serio y hayas anotado cuáles son tus metas. San Pablo escribió a Tito acerca de las cualidades que un hombre debía tener si quería ser obispo, pero estas son cualidades por las que todos podemos luchar. Compara esta lista con las notas que escribiste al principio del libro. Un hombre así "siempre debe estar dispuesto a hospedar gente en su casa, y debe ser un hombre de bien, de buen juicio, justo, santo y disciplinado" (Tito 1, 8). Cuando miramos hacia atrás en nuestras vidas desde el final, ¿también cumpliremos esas normas establecidas en la Carta a Tito? San Pablo dice que debemos ser "de buen juicio", y luego, por si acaso no hemos captado, añade: "disciplinado(s)" (según BJL, "dueño de sí"). Para ser dueños de nosotros mismos, entonces, primero vamos a necesitar un tiempo disciplinado de oración y un tiempo disciplinado para leer las Escrituras.

Una de las cosas que más me trastorna es cuando hablo con muchos hombres es que les da demasiado miedo hacer un compromiso espiritual cumplirlo. Ya sea que se trate de la oración diaria, de ir a misa o ayudar en la iglesia, siempre tienen un montón de excusas. Señores, Dios les ha dado el poder y la fuerza para seguir adelante y hacer lo que Él quiere que hagan, así que ya es hora. ¡La Iglesia Católica se caería en pedazos si no fuera por la mujer! Las mujeres son las que realizan la mayor parte del trabajo en la Iglesia; ¡ya es hora de que ustedes tomen su lugar como líderes espirituales en la Iglesia!

Otra cosa que necesitarás hacer es ser disciplinado con lo que comes. Ahora mismo, como que detesto esto, pero si quiero ser fuerte físicamente también tengo que vigilar mis alimentos. Hay un viejo adagio: "Ser santo es ser sano". En la teología católica siempre hablamos de cómo lo sobrenatural actúa sobre lo natural. Tenemos que tener una buena base física, por lo que lo sobrenatural se pueda desarrollar sobre eso.

Eso no quiere decir que debes obsesionarte por comer solo comida sana, pero sí quiere decir que no te conviertas en un glotón. La gula es cuando la comida te controla, en lugar de ser tú quien controla la comida. La gula es cuando en lugar de comer para vivir, vives para comer. Quien lleva una vida disciplinada no vive para comer. Quien lleva una vida disciplinada come para vivir. Pablo dijo claramente: "Su cuerpo es templo del Espíritu Santo" (1 Cor 6, 19). Cuando cuidamos nuestro cuerpo como un templo, estamos dándole mantenimiento al templo. No lo hacemos por nuestra propia vanidad; lo hacemos para la gloria de Dios. Necesitamos disciplinar nuestro cuerpo por medio del ejercicio. No era voluntad de Dios que fuéramos basura. Jesús y sus amigos hacían ejercicio todos los días; a todas partes iban a pie. Tú no tienes que ir a hacer ejercicio todos los días, pero sí tienes que hacer algo en vez de estar sentado delante de la televisión. Para ser una persona disciplinada, para mostrar que Dios vive dentro de nosotros, entonces debemos, como Pablo continúa en 1 Corintios, "honrar a Dios en el cuerpo" (1 Cor 6, 20). ¿Podemos controlar nuestros apetitos? Controlar nuestros apetitos significa principalmente controlar nuestras lujurias.

Siempre conduzco un examen de conciencia para los hombres que asisten a mis retiros. Cuando hago el examen de conciencia, paso siempre la mayor parte del tiempo en el tema de la lujuria. ¡Sé que a ti esto no te sorprende! En un retiro reciente, el Arzobispo de Denver en su homilía se refirió de nuevo a lo que yo había dicho sobre el examen de conciencia. Dijo:

—Todos ustedes escucharon al Padre Larry. El Padre Larry hizo un gran trabajo hoy al prepararlos a todos ustedes, hombres, para la confesión. ¿Y no es sorprendente que él haya pasado más tiempo en hablarles de la lujuria que en todo lo demás? ¡La lujuria!

Yo estaba de pie en la parte trasera del salón cuando él estaba predicando, pero desde allí me dirgí a él:

—Señor Obispo, todos son hombres, ¿qué esperaba que hiciera? —Entonces el Arzobispo respondió:

—Estoy totalmente de acuerdo. En mi experiencia como sacerdote, a través de los años, el setenta por ciento de los problemas que tratamos tienen sus raíces en la lujuria. ¡El setenta por ciento!

Estadísticamente, la mayor adicción en Estados Unidos es la adicción sexual. ¿Sabes cuándo comienza la adicción sexual? Estadísticamente, comienza en el sexto grado con la pornografía. ¿Te imaginas? Tenemos que aprender a disciplinar a nuestra tendencia a la lujuria, y la mejor manera de aprender es, como dice Job: "Con mis ojos hice el pacto de no fijarme en doncella" (Job 31, 1 BJL). En otras palabras, él no miraba con lujuria a ninguna mujer. En la tradición de la Iglesia Católica, eso se llama "custodia de los ojos".

Nosotros los hombres, sobre todo, tenemos que disciplinarnos en lo que vemos, porque los hombres se excitan por medio de la vista. Las mujeres, en cambio, se excitan por medio de los sentimientos. Cuando las mujeres ven pornografía, por lo general no captan. A menudo, cuando doy terapia de pareja después de que una mujer encuentra a su marido mirando pornografía, ella me dice: "Padre, creo que eso es repugnante. ¡Quiero que él deje de verlo!" Entonces trato con ella a solas. Le digo: "Este es un problema muy grave, y es un problema con el que muchos hombres luchan, y podemos ayudar". Si en la Iglesia es un gran problema, ¿te imaginas lo grande que es fuera de la Iglesia?

Para el controlar tu cuerpo, primero debes controlar tus ojos. A fin de resolver nuestras lujurias, tenemos que disciplinar nuestros ojos para no mirar ciertas cosas. Eso puede significar que no podemos mirar ciertos anuncios por la televisión. Tú y yo sabemos que hay ciertos programas de televisión que lo excitan a uno. Una vez que la basura ha entrado en nuestra conciencia, ahí se queda. Uno es lo que ve. Entre más pornografía miras, más comienza a dominarte. Y entonces tu vida entera queda dominada por eso. Jesús dijo: "Pero yo les digo que cualquiera que mira con deseo a una mujer, ya cometió adulterio con ella en su corazón" (Mt 5, 28). Todos nosotros tenemos pensamientos y tentaciones sexuales.

Una manera de hacer frente a nuestras lujurias es alabar a Dios cuando una mujer hermosa pasa por allí. Si haces esto, estás diciendo: "Dios, tú haces bellas obras". Pero si la miras con lujuria y piensas en tener relaciones sexuales con ella, es entonces cuando estás usando a esa mujer como un objeto de tu lujuria. Para mantener un corazón puro y evitar la lujuria, cuando veo a una mujer hermosa trato de imaginarla como era cuando niña, en su pureza absoluta, y después le pido a Dios que me deje verla como Él la ve. ¡Esto ayuda tremendamente!

Hoy en día, la computadora es la fuente número uno de pornografía. Tal vez tengas que poner el equipo en un lugar donde tu esposa o tus hijos puedan verte cuando estás en la Internet. Eso ayudará. Tienes que hacer esas cosas, ya que todos los hombres somos débiles. Recuerda lo que Jesús dijo a san Pablo: "Mi gracia te basta, que mi fuerza se realiza en la flaqueza" (2 Cor 12, 9 BJL).

Si un perro macho encuentra una hembra en celo, intentará aparearse con esa perra. Son animales. Pero, señores, nosotros no somos animales. No fuimos creados como animales. ¡Fuimos creados a imagen y semejanza de Dios!

Hay programas que insinúan que el hombre es solo un animal más. Eso es una mentira. Me encanta mi perro, pero él no ha sido creado a imagen y semejanza de Dios. ¡Tú y yo sí!

La Iglesia nos enseña a no utilizar el control artificial de la natalidad. Una vez, vino un hombre a decirme que quería utilizar el control artificial de la natalidad, con el viejo argumento de que Dios no quería que él tuviera diez hijos, ¿verdad? Yo le dije:

—Yo no sé cuántos hijos quiere Dios que tengas, pero ¿se lo has preguntado? Dios quiere que cooperes con él en la cantidad de niños que van a tener, y si la respuesta es dos, entonces tendrás que aprender a controlarte más. Eso podría significar que tendrías que decir no al sexo siete días de cada mes.

—Bueno, no sé si puedo hacer eso —dijo.

—¡Bien, hijo, trata de permanecer así cuarenta y nueve años, y luego puedes hablarme de tus siete días al mes!

—Oh, no lo sé —respondió—. Es muy difícil.

Ves, ese es el problema. La mayoría de los hombres, sobre todo si son católicos, dejan de lado por completo la enseñanza sobre el control de la natalidad por una sola razón: no quieren decirse que no a sí mismos. Piensan: "Si quiero tener sexo, si tengo una picazón, debería ser capaz de rascar". Quieren tener sexo cuando quieran, pero no desean asumir las consecuencias. Eso es lo que hace el control artificial de la natalidad: detiene las consecuencias. Es la cosa menos varonil que un hombre puede hacer. No dando la cara por lo que está haciendo, sino lo que está tratando de detener.

Cuando yo enseñaba en una escuela secundaria, algunos alumnos venían y me decían:

—Padre, hubo un error.

—¿Cuál fue el error? —preguntaba yo.

—Mi novia está embarazada.

—Hijo —respondía yo—, eso no es un error. Eso tenía que pasar. Cuando se tienen relaciones sexuales, la consecuencia son los bebés.

¿Sabes el primer mandamiento que salió de la boca de Dios? "Sean fecundos y multiplíquense" (Gén 1, 28). Él nos dijo el propósito del sexo desde el puro principio. Algunas personas dicen: "¡No me metan a Dios en mi habitación!" Discúlpenme, pero Dios es el que les dio la capacidad de tener relaciones sexuales. ¡Él es el que creó el sexo; Él sabe todo acerca de cómo hay que utilizarlo!

Caballeros, si Jesucristo no puede ser el Señor de su vida sexual, Él no es el Señor de ninguna parte de su vida. ¿Es Jesús el Señor de su vida sexual? Si no es así, no jueguen a este juego de que Jesús es su Salvador y Señor. ¡No lo es! Si Él no es Señor del acto sexual entre tú y tu cónyuge, entonces ¿cómo puedes decir que Él es el Señor de todo lo demás? A veces oigo decir: "Eso es entre mi esposa y yo". No, Cristo quiere ser Señor de esto también.

Ahora vamos a pasar a tres cosas que necesitas para ayudarte a que la lujuria deje de ser un problema tan grave.

En primer lugar, es necesario tener una buena vida de oración. En segundo lugar, necesitas tener buenos amigos. Y, tercero, necesitas tener el corazón de un siervo. Si una de estas cosas empieza a salirse fuera de control, entonces la lujuria se va a convertir en un problema.

Ya hemos explicado la necesidad de una buena vida de oración. La lujuria está tratando de llenar cualquier vacío que haya dentro de ti. Algunos me dicen que se sienten solos y tratan de llenar su soledad con la fantasía, pero el único que puede llenar ese vacío es Jesús. Si te limitas a cumplir una rutina exterior en tu vida de oración, seguirás estando solo. Sin embargo, si tienes una relación con Jesucristo y estás pasando tiempo en sus brazos cada día, entonces, en comparación, cualquier pensamiento lujurioso va a parecer como comer basura. Una vez que hayas probado el amor verdadero, todo lo demás es basura. San Pablo dijo: "Por causa de Cristo lo he perdido todo, y todo lo considero basura a cambio de ganarlo a él" (Flp 3, 8).

¿Conoces a Jesús íntimamente en su vida de oración? ¿Pasas tanto tiempo con Él que Él está llenando tu vacío?

¿O estás tratando de encontrar satisfacción en otras cosas? La lujuria es la felicidad momentánea que se disipa. San Agustín, uno de los Padres de la Iglesia, tenía problemas terribles con la lujuria. Continuamente le pedía a Dios: "Dios, hazme puro, pero no todavía". Amaba su lujuria. En su juventud, era su lujuria lo que le impedía ser cristiano. Tuvo un hijo fuera del matrimonio, un hijo que más tarde se hizo sacerdote. Luchó, pero por la gracia de Dios cambió.

Del mismo modo, san Ignacio de Loyola, fundador de los jesuitas, era una persona muy lujuriosa. Era soldado y fue herido de bala. Mientras se recuperaba en un convento, no tenía nada que para leer excepto *Una vida de Cristo* y *La vida de los santos*; un cambio importante con respecto a los cuentos de caballería que había leído antes. Después de leer estos libros, pensó: "Si estos santos pueden ser tan buenos, ¿por qué yo no puedo? Si son capaces de disciplinarse a sí mismos, por la gracia de Dios, y ser tan heroicos, ¿qué es lo me detiene a mí?" Entonces pensó en ello un poco más y dijo para sí: "Cada vez que pienso en cosas sensuales obtengo placer intenso, pero luego se disipa y me deja vacío. Pero cuando pienso en Jesús, tengo una paz que nunca me abandona". Caballeros, Jesús es lo suficientemente fuerte como para vencer sus pasiones, pero ustedes van a tener que pasar tiempo con Él.

La segunda cosa que necesitas para vencer tu lujuria es tener buenos amigos. Los hombres necesitan a otros hombres. Se dice en Proverbios 27, 17: "El hierro se afila con hierro, y el hombre con otro hombre". Nos necesitamos unos a otros como mentores. En nuestra tradición católica, tenemos directores espirituales. Pero no necesitas tener un sacerdote como director espiritual; solo un buen amigo espiritual. Un buen amigo, señores, es algo más que un simple compinche con quien tomar unas cuantas cervezas. Alguien con quien pecas no te va a ayudar a crecer en el Señor. Lo que necesitas es un hombre que te desafíe a ser lo mejor que puedas ser. Pídele a Dios un amigo espiritual. Puedes participar en un grupo de hombres y realmente comprometerte. Cuando me reúno con mi director espiritual y él sabe que he estado luchando con algo, lo primero que me dice es: "¿Cómo te va con esto?" Él me obliga a ser responsable en mi vida, sobre todo con respecto a mi pecaminosidad. ¿Hay alguien en tu vida que te pueda "afilar" para ser un gran hombre?

En Lucas 22, 31–32, Jesús miró a Pedro, quien había de ser el primer papa, y le dijo: "Simón, Simón, mira que Satanás los ha pedido a ustedes para sacudirlos como si fueran trigo; pero yo he rogado por ti, para que no te falte la fe. Y tú, cuando te hayas vuelto a mí, ayuda a tus hermanos a permanecer firmes". Jesús dijo esto sabiendo que Pedro, en su debilidad, en pocas horas lo iba a negar. ¿Ayudamos a nuestros hermanos a permanecer firmes, o los derribamos y les ayudamos a pecar? La forma en que obtenemos fortaleza es de otros hombres que están en el Señor. Estamos llamados a fortalecer a nuestros hermanos en la misma manera que Pedro fue llamado. ¿A quién estás fortaleciendo en tu vida? ¿Hay alguien? Cuando hay en tu vida a un hombre fuerte —un mentor, un amigo— él puede ayudarte a vencer tu lujuria.

Yo me reúno regularmente con un grupo de amigos que son mis mentores. Yo viajo mucho, y si estoy en una habitación de hotel y la tentación viene, sé que tendré que rendir cuentas por ello. Cuando regreso de un viaje y me reúno con mi grupo, ellos me miran y me dicen enfáticamente: "¿Caíste en algún tipo de tentación o viste algo en la televisión que no debías haber mirado?"

"¡No!" —les digo yo. ¿Por qué? Tal vez quise caer, pero sabía que mis hermanos me iban a preguntar si me había dejado llevar por la tentación. Me conocen demasiado bien. No puedo mentirles. Tengo personas, hombres fuertes que me piden cuentas de mi vida sexual. Necesitamos hombres que vivan en el Espíritu de Dios y que nos den la fuerza para que podamos hacer frente a nuestras tentaciones.

Finalmente, tener una vida de servicio nos ayudará a superar nuestra lujuria. Una vida de servicio significa que uno no se preocupa solo de sí mismo, sino que se interesa en dar la vida por los demás. Ve hasta donde tengas un espejo en casa. Mira tu hermoso rostro, y luego toma un papel y simplemente escribe en el papel: "Soy el tercero". Luego, pega ese papel en tu espejo. Necesitas un recordatorio práctico de tu llamado al servicio. Entonces, cada noche, antes de ir a la cama, pregúntate: "¿He hecho hoy un acto desinteresado, un acto de servicio?" Si la respuesta es no, hoy has desperdiciado tu vida en Cristo. No eres un siervo. Estás más preocupado por ti mismo, y la lujuria te rodea. La lujuria no puede esperar para recibir. El amor no puede esperar para dar.

¡De lo que realmente estamos hablando, señores, es de que tenemos que usar el poder y la fuerza de Dios para vivir una vida de sacrificio propio! Vamos a examinar la vida del Padre en la Fe, Abraham. La forma en que se hizo fuerte fue a través de su disposición a hacer la voluntad de Dios, hasta el punto de sacrificar a su hijo para Dios. ¡Qué acto de fuerza! ¡Qué acto de fe!

Como reza el dicho: "A veces creo que me he rendido totalmente y luego Dios me pide algo a lo que no quiero renunciar". ¡Para ser un hombre de Cristo, para ser un verdadero hombre, hay que vivir una vida de sacrificio!

Entre los santos que enseñaban esto estuvo santa Teresa de Lisieux. Ella murió a la edad de veinticuatro años, pero vivió su vida como una guerrera para Cristo. ¡Aquí está una mujer joven que está llamando a los hombres a ser guerreros espirituales! Ella tenía lo que llamaba "cuentas de sacrificio". Cada día, ella quería hacer por lo menos diez sacrificios por los demás, por lo que usaba las cuentas de sacrificio para ayudarse a llevar el recuento. En lugar de hacer un comentario o un juicio sobre una persona, decía algo agradable sobre esa persona y luego manifestaba: "Señor, yo hago este sacrificio como un acto de amor por ti". ¿Eres tú un hombre de sacrificio? ¿Tomas la única vida que tienes y la ofreces en sacrificio y en servicio? ¿Eres una persona que le ha dado todo a Dios?

¿Estás dispuesto a sacrificar todas las cosas? ¿Hay algo en tu vida a lo que no renunciarías por Dios? San Francisco renunció a su familia, hasta el último centavo que tenía, e incluso la ropa por Dios. Salió desnudo frente a su padre y le dijo: "Ya no te llamo a ti mi padre. Llamo a Dios mi Padre". Entonces lo dejó todo para seguir a Dios.

Del mismo modo, cada uno de los Apóstoles dejó todo para seguir a Dios. San Mateo estaba sentado en su puesto de cobro de impuestos cuando Jesús le dijo: "Sígueme" (Mt 9, 9). Él dejó todo y siguió a Dios. Santiago, Juan y Pedro estaban pescando cuando Jesús les dijo: "Síganme, y yo los haré pescadores de hombres" (Mt 4, 19). Ellos abandonaron todo y siguieron a Dios. Ser un hombre es algo que va a costarte enormemente.

En mi propia vida pienso con frecuencia: "Está bien, puedo andar fingiendo y pensar que me he sacrificado por no tener relaciones sexuales y por no tener una esposa. Me he sacrificado por no tener hijos también, pero ¿sacrificaría mi vida por Cristo?"

El capítulo 21 del Evangelio de Juan nos narra las tres veces que Jesús le preguntó a Pedro si lo amaba, pero lo que ese pasaje del Evangelio realmente nos muestra es lo que nos costará seguir a Jesús.

Terminado el desayuno, Jesús le preguntó a Simón Pedro: "Simón, hijo de Juan, ¿me amas más que estos?" Pedro le contestó: "Sí, Señor, tú sabes que te quiero". Jesús le dijo: "Cuida de mis corderos". Volvió a preguntarle: "Simón, hijo de Juan, ¿me amas?" Pedro le contestó: "Sí, Señor, tú sabes que te quiero". Jesús le dijo: "Cuida de mis ovejas". Por tercera vez le preguntó: "Simón, hijo de Juan, ¿me quieres?" Pedro, triste porque le había preguntado por tercera vez si lo quería, le contestó: "Señor, tú lo sabes todo: tú sabes que te quiero". Jesús le dijo: "Cuida de mis ovejas. Te aseguro que cuando eras más joven, te vestías para ir a donde querías; pero cuando ya seas viejo, extenderás los brazos y otro te vestirá, y te llevará a donde no quieras ir". Al decir esto, Jesús estaba dando a entender de qué manera Pedro iba a morir y a glorificar con su muerte a Dios. Después le dijo: "¡Sígueme!" (Jn 21, 15–19)

Si vamos a ser hombres de Cristo, entonces debemos seguir los pasos de Cristo. Esto siempre nos conducirá a la cruz. Es fácil decir: "Sacrificaré mi vida por Dios", pero es mucho más difícil cumplir nuestro propósito *cada día*. Mi propia vida la presento con frecuencia como un juego excelente, pero no la vivo como un juego excelente. Tengo que pedirle a Dios que cambie mi corazón más y más cada día, para poder vivir para Él y no para mí mismo... pero esto es un proceso.

¿No es curioso que las cosas que a veces no queremos hacer, como hacer ejercicio todos los días, con el tiempo nos hacen mucho más fuertes? Lo mismo ocurre en nuestras relaciones. Cuando haces algo que no quieres hacer por tu esposa o hijos, te hace más fuerte. El sacrificio, sin embargo, tiene que expresarse en formas concretas.

Si fuera a tu casa y le preguntara a tu esposa: "¿Cómo se sacrifica tu marido por ti todos los días?", ¿podría ella darme una lista? Si yo les preguntara eso a tus hijos, ¿acaso dirían ellos: "Yo sé que mi padre vive para mí. Mi papá me dedica *tiempo* todos los días. Me pregunta cómo estoy".

Mi padre me llevaba a pasear todos los años en el día de mi cumpleaños. Éramos solo mi padre y yo. Me compraba un regalo, y luego nos íbamos a almorzar juntos. Mi padre no era un hombre perfecto, pero seguía siendo el mejor hombre que podía ser, y yo sabía que me amaba. Ponía mis necesidades antes que las suyas lo mejor que pudo. Cuanto más te sacrifiques, más grande serás.

La obediencia es el siguiente aspecto para convertirse en un hombre fuerte. En 1 Samuel 15, 22 dice: "Más le agrada al Señor que se le obedezca, y no que se le ofrezcan sacrificios". Si vamos a crecer fuertes, tenemos que ser personas que obedecen al Señor. El mejor ejemplo es Jesús. Él se debatió para sacrificarse. La noche en que fue arrestado, dijo: "Padre mío, si es posible, líbrame de este trago amargo; pero que no se haga lo que yo quiero, sino lo que quieres tú" (Mt. 26, 39). La obediencia es mejor que los sacrificios. Todo el tiempo yo les decía a mis estudiantes: "Señores, la única manera de demostrar que aman a Dios, y sépanlo bien, es obedecerle. ¡Punto!" Puedes decir que amas a Dios. Puedes decir que Jesús es el Señor. Pero si no lo obedeces, eres un mentiroso. Jesús dijo: "Si ustedes me aman, obedecerán mis mandamientos" (Jn 14, 15). Toma su Palabra y vívela.

Uno de mis antiguos alumnos se unió a la Infantería de Marina. Hace poco lo vi, pero no lo reconocí porque no lo había visto en mucho tiempo. Cuando era estudiante, era un joven bajito y flaco. Ahora el chico, con una sola mano me podría lanzar contra la pared. Yo le dije:

—¿Qué rayos te pasó?

—Los *Marines*, Padre —respondió. Ese pequeño y delgado adolescente se convirtió en un gran infante de marina. ¿Cómo los *Marines* vuelven hombres a estos muchachos? La disciplina y la obediencia. Los *Marines* que no obedecen pueden resultar muertos fácilmente. Ellos se hacen fuertes en todos los sentidos, ya que aprenden a obedecer a sus superiores. Sin embargo, demasiadas personas se niegan a obedecer a Cristo. Que esto no se diga de ti.

Finalmente, como dice Nehemías 8, 10: "El gozo del Señor es nuestra fortaleza" (NVI). Dios nos dice que podemos llegar a ser fuertes aprendiendo a alabarlo. Normalmente las personas pasan el tiempo pensando en lo que no tienen. Se centran en sí mismos. Dicen: "Yo no tengo esto o aquello, y por eso no soy fuerte". Olvídate de ti mismo y empieza a centrarte en Dios y en su bondad. Alábalo porque se lo merece. Comienza con las pequeñas formas en que Dios te bendice todos los días. Todo el mundo tiene días malos, pero trata de decir: "Gracias, Dios, porque puedo hablar; gracias, Dios, porque puedo caminar; gracias, Dios, porque puedo comer; gracias, Dios, porque puedo ver; gracias, Dios, porque puedo oír". Regocíjate en el Señor y serás fuerte. Cuando alabamos a Dios, somos elevados al cielo. El Espíritu de Cristo dentro de ti te hará fuerte.

Se nos ha dado un don: es el don del Espíritu Santo. El Espíritu que Dios nos da no es un espíritu de timidez, sino un Espíritu que nos hace fuertes y nos da su poder. Ahora que se nos ha dado esa fuerza, tenemos que usar estas herramientas para crecer en fortaleza por medio de Cristo.

Así que ten valor y sé un hombre fuerte.

Tres tareas que debes cumplir:

1. Sé un hombre que es fuerte. Asume la responsabilidad de tu vida y tu pasado. No culpes a los demás. Has llegado al punto en que estás a causa de tus acciones y decisiones, y ahora puedes seguir adelante con la gracia de Dios tomando mejores decisiones.

2. Sé un hombre que es puro de corazón. Hazle frente a tu lujuria invitando a Cristo a entrar en el centro de tu contienda.

3. Sé un hombre de servicio. Escribe en un papel las palabras: "Yo soy el tercero" y colócalo donde lo veas todos los días, y trata de vivirlo.

Preguntas y acciones para la reflexión y el diálogo:

1. ¿Quiénes entre los hombres son tus héroes? ¿Qué cualidades tienen que los hacen fuertes?

2. ¿Por qué la lujuria es un problema tan grande para los hombres en general? ¿Es un problema para ti? ¿Cómo la vas a controlar? Sé específico.

3. ¿Eres un hombre de servicio? ¿Cómo te llama Dios a ser más desinteresado?

CAPÍTULO 6

Sé un hombre que ama

Velen, manténganse firmes en la fe, sean hombres, sean fuertes. Háganlo todo con amor.

—1 Corintios 16, 13–14

El Espíritu de Dios nos convierte en personas amorosas.

¿Qué significa para nosotros ser hombres que aman? Amamos a nuestras familias. Amamos a nuestras esposas. Y así, fácilmente podemos decir que "amamos" la pizza, los deportes o hasta a nuestro perro. Pero realmente tenemos que profundizar en lo que significa la palabra "amor".

En su libro *Los cuatro amores*, C. S. Lewis explica que los griegos tenían cuatro palabras para hablar sobre el amor: *storgé, filía, eros* y *agape*.

La primera, *storgé* (στοργή), significa "afecto". Es el amor instintivo. *Storgé* es el amor que los padres tienen por sus hijos. Es la clase de amor que traemos incorporado dentro de nosotros. Es lo que somos. Por naturaleza, las personas aman a sus hijos y tienen afecto hacia ellos.

La siguiente palabra griega para el amor es *filía* (φιλία), que significa "amistad". Es de ahí de donde viene el nombre de Filadelfia, la ciudad del amor fraternal. *Filía* es el tipo de amor que los hombres sienten uno por el otro. Es un amor que nace de un interés común, y es por eso que hay más hombres que mujeres a quienes les gusta sumarse a los grupos si se bebe, se juega a las cartas, se fuma o se asiste a un evento deportivo.

La tercera palabra griega del amor es *eros* (ἔρως). Es el amor natural de estar enamorados del amor, por decirlo así. Lleva a Dios porque vino de Dios. Es la experiencia del esposo y la esposa que juntos tienen intimidad, un amor sexual.

Pero no es solo el amor sexual, y no es un amor malo como a veces se califica. Incluso el Papa Benedicto XVI habló de esto en una manera hermosa en su encíclica *Deus caritas est (Dios es amor)*.

El problema de los tres primeros tipos de amor es que cada uno de ellos tiene que ver con el yo. La persona ama a alguien más, pero él también consigue algo de ello.

La cuarta palabra griega para el amor, *agape* o ágape (ἀγάπη), es a lo que Dios se refiere como caridad. Ágape es el amor de Dios. Ágape es la entrega total de sí, en que no importa la respuesta que se reciba. Te amo, te guste o no, ya sea que correspondas a ese amor o no. El amor ágape, por supuesto, es el amor que Dios da. Comienza con Dios Padre. "Pues Dios amó tanto al mundo, que dio a su Hijo único" (Jn 3, 16). Continúa con Jesús. Jesús nos amó tanto que dio su vida por nosotros, sus amigos, y ese amor se nos hace presente por medio del Espíritu Santo.

Para tener verdadero amor ágape necesitamos al Espíritu Santo. El Espíritu Santo purifica los otros tres amores para que podamos vivir el amor ágape. Ahora bien, el amor ágape se dirige primeramente a Dios. En Lucas, un hombre le preguntó a Jesús: "Maestro, ¿qué debo hacer para alcanzar la vida eterna?" (Lc 10, 25). Siempre me ha gustado ver que ese hombre le pregunta a Jesús explícitamente. Hoy en día cada uno tiene su propia respuesta, dependiendo de su teología o denominación particular. Yo siempre digo: "Vayamos a Dios. Vayamos a Jesucristo y veamos cómo le responde Él a ese hombre".

Jesús le contestó:

—¿Qué está escrito en la ley? ¿Qué es lo que lees?

El maestro de la ley contestó:

—'Ama al Señor tu Dios con todo tu corazón, con toda tu alma, con todas tus fuerzas y con toda tu mente'; y 'ama a tu prójimo como a ti mismo.'

Jesús le dijo:

—Has contestado bien. Si haces eso, tendrás la vida. (Lucas 10, 26–28)

La salvación, según Cristo, se encuentra en el amor. Hay una oración judía llamada el Shemá Yisrael, que los fieles judíos dicen todos los días: "¡Escucha, Israel! El Señor es nuestro Dios, solo el Señor" Está tomada de Deuteronomio 6, 4–5: "Oye, Israel: El Señor nuestro Dios es el único Señor. Ama al Señor tu Dios con todo tu corazón, con toda tu alma y con todas tus fuerzas".

El amor debe comenzar con Dios. Tú puedes ir a la iglesia toda tu vida y nunca estar enamorado de Dios. Sí, tú puedes ir a la iglesia toda tu vida y, aún así, solo estar enamorado de ti mismo.

Algunas personas tienen la mentalidad que dicen: "Voy a ver qué puedo conseguir de Dios. Dios me bendecirá si voy a la iglesia. Dios me dará la vida eterna si voy a la iglesia. Dios va a cuidar de mi familia y hará estas cosas por mí si voy a la iglesia, o si tengo una relación con Él". Todos esos pensamientos se centran en uno mismo y no son verdadero amor.

Había un sacerdote amigo mío cuya primera confesión fue la de una monja. Cuando él salió del confesionario se arrodilló para orar y dar gracias a Dios; la monja se le acercó y se arrodilló junto a él y le preguntó: "Padre, ¿usted ama a Jesucristo con todo su corazón, con toda su mente, con toda su alma y con todas sus fuerzas?"

Él quedó muy sorprendido y dijo: "Pasé por todo el seminario, toda mi formación, todos mis años de educación y nunca nadie me preguntó ni una sola vez si amaba a Jesucristo". ¿Se imaginan eso? ¡La realidad central de ser un sacerdote debe ser que amamos a Jesucristo! Pero puedo identificarme con ese sacerdote porque yo estuve en el sistema de seminario por más de diez años y tampoco, nunca nadie me hizo esa pregunta.

¿Y tú? ¿Amas a Dios? Si es así, ¿le dices eso a Él? ¿Cuándo fue la última vez que, en lugar de simplemente darle gracias a Dios por lo que hace por ti, dirigiste tu mirada a Dios y le dijiste "Te amo"? Con todo tu ser, ¿lo que deseas es mostrar tu amor a Dios?

En Juan 14, 31 Jesús dice: "Así tiene que ser, para que el mundo sepa que yo amo al Padre y que hago lo que él me ha mandado". ¡El mundo también debe saber que tú amas al Padre! ¡La gente debe mirarnos y saber que estamos locamente enamorados de Cristo! Cuando alguien te mira ¿lo puede decir de ti?

Demostramos nuestro amor, sin embargo, siguiendo los mandamientos de Dios. ¿Tratas de hacer todo lo que el Padre te ha mandado? Eso se llama ser un ejemplo; ser un ejemplo de amor para un mundo que no conoce el amor. Si estás enamorado de alguien, pasas tiempo con esa persona.

En el día de nuestra muerte, yo creo que el Dios de amor nos da lo que más amamos. Fue por eso que nos dio el mandamiento de amarlo a Él sobre todas las cosas. Así que digamos que fueras a caer muerto ahora mismo, y Dios te mira y te dice: "Te amo tantísimo, que te daré para siempre lo que más amas". ¿Eso que te dará será Él mismo, y puedes demostrarlo por la forma en que estás viviendo tu vida? Si no es Él, Él te dará lo que quieres. Si quieres otra cosa que no es Él, eso es lo que Él te dará, y eso por definición es el infierno.

Así que cada día tenemos que orar a Dios y decirle: "Aumenta mi amor por ti".

Ahora bien, amar a Dios no es suficiente; el amor a Dios tiene que demostrarse por medio de nuestro amor a la familia, a los amigos, a los vecinos, a los pobres, e incluso a nuestros enemigos.

Ahora bien, este amor comienza con nuestra familia, pero no termina ahí, sino que debe incluir a todas las personas que Dios pone en nuestra vida. En Mateo 25, Jesús deja en claro que todo lo que hagamos o dejemos de hacer a los demás, se lo hacemos o se lo dejamos de hacer a Él (cf. Mt 25, 40). No podemos separar nuestro amor a Dios del amor al prójimo.

La primera carta de Juan 4, 20 dice: "Si alguno dice: 'Yo amo a Dios', y al mismo tiempo odia a su hermano, es un mentiroso". Fue Dorothy Day quien hizo que este pasaje cobrara vida para mí cuando dijo: "Nosotros amamos a Dios tanto como a la persona que peor nos cae".

Piensa en la persona que te cae peor. Fórmate una buena imagen de esa persona. Podría ser alguien con quien trabajas; podría ser alguien que te hizo daño, o una persona con quien ni siquiera puedes estar en un mismo lugar. Mientras estás pensando en esa persona, probablemente estás pensando en lo mucho que no la puedes soportar cerca de ti. Tal vez la presión arterial se te elevó un poco. ¡Bueno, esa es la medida de tu amor a Dios!

Jesús incluso exige que amemos a nuestros enemigos. "Pero yo les digo: Amen a sus enemigos, y oren por quienes los persiguen (Mt 5, 44). ¿Ves? Este mandamiento de amar no es fácil; te costará la vida. ¡Es por eso que necesitamos al Espíritu Santo para hacerlo!

¿Cómo podemos vivir este mandamiento en nuestra vida cotidiana? Piensa en la gente que te saca de tus casillas. Santa Teresa de Lisieux se desvivía por ser muy simpática con la gente que le caía mal. Yo, por mi parte, no soy nada bueno en ese sentido. Cualquiera puede darse cuenta cuando estoy enojado. Mis estados de ánimo se pueden interpretar muy fácilmente, pero así no es como Dios quiere que yo sea. Él quiere que sea más profundo y que aprenda a perdonar cada vez más. Él quiere que yo vea a esas personas de la manera que Él las ve.

Tengo que tomar la decisión de que estoy llamado a amarlas. Hay algunas personas en tu vida a las que es imposible amar, ¿no? Vamos, por supuesto que lo es. Es por eso que tenemos el Espíritu Santo. Quítate del camino. Di: "Oh Dios, para mí es imposible amar a esa persona. Pero tú sí puedes. Tú amas a esa persona por medio de mí". Tenemos que pedir el corazón de Dios. Dios ama a esa persona que no nos gusta, y Él dijo que esa persona valió la muerte de Jesús. Dios creó a esa persona; Él murió por esa persona y ama a esa persona. Estamos llamados a tener el corazón de Dios y a amar también a esa persona.

Por lo menos tenemos que dejarnos interpelar y decir: "Tengo que amar a mis enemigos". No hacerlo no es una opción si somos seguidores de Jesucristo. Eso es el amor ágape.

A veces hacemos muy difícil el cristianismo. Introducimos muchas otras reglas. Pero Jesús, que es Dios, nos dio solo un mandamiento en el cual deberíamos estar centrados por el resto de nuestra vida. Jesús dijo: "Les doy este mandamiento nuevo: Que se amen los unos a los otros. Así como yo los amo a ustedes, así deben amarse ustedes los unos a los otros" (Jn 13, 34). Y luego lo hace explícito, por si no lo entendimos: "Si se aman los unos a los otros, todo el mundo se dará cuenta de que son discípulos míos" (Jn 13, 35).

Ahora fijémonos en el amor que tenía Jesús. A veces las personas convierten el amor en un concepto muy cursi. Nos imaginamos a Jesús caminando de puntillas entre los tulipanes.

Hacemos de Jesús una persona suave, muy tranquila y pasiva. ¡Ah, sí, este es el Jesús con el que yo quiero pasar la eternidad! ¡Vamos, señores, Jesucristo era un hombre bien masculino! Él lo dio todo para demostrarlo. ¡Basta con ver un crucifijo!

Esta es una de las razones por las que amo tanto la fe católica. Toda iglesia católica nos muestra lo que es el amor porque tiene en la nave central una imagen de Cristo crucificado. San Pablo proclamó con todo su ser: "Estando entre ustedes, no quise saber de otra cosa sino de Jesucristo y, más estrictamente, de Jesucristo crucificado" (1 Cor 2, 2). Dijo esto para recordarnos lo que es el amor. Es algo que te costará la vida. Cuando le dices a alguien: "Te amo", en realidad estás diciendo: "Estoy dispuesto a dar mi vida por ti". Eso es duro. Esa es la manera en que Jesús ama: un ágape total.

Algunos obstáculos al amor son el miedo y el dolor. "Tengo miedo de que si bajo la guardia, podría salir lastimado". Señores, todas las personas que ustedes aman los lastimarán alguna vez. Superemos eso.

Normalmente tus seres queridos no te harán daño a propósito, pero no van a vivir todo el tiempo a la altura de tus expectativas. En algún momento te das cuenta de que la persona que amas y con quien te casaste no es perfecta, y eso te hiere. "¿Cómo es que no eres perfecta? ¿Cómo es que no me quieres servir y cocinar para mí todas las noches y cuidar de todas mis necesidades?" Más vale que tengas un corazón lleno de perdón, porque aquellos que amas te herirán. Cuando amas a alguien, le estás dando permiso para herirte. Cuando Dios trató de demostrar que nos amaba, ¿qué hicimos nosotros? Lo matamos. Cuando amamos como Él, otros nos matarán también a nosotros.

Dios quiere que amemos y que, al hacerlo, demos la vida por la gente de nuestro mundo. En primer lugar, quiero hablar de los pobres. Debemos amar a los pobres. El Dios del universo nos mostró lo que quería de nosotros cuando se humilló a sí mismo para nacer pobre. Sencillo. La Iglesia Católica nos ha enseñado a tener una opción preferencial por los pobres. Opción preferencial significa que si vemos a una persona rica y una persona pobre, debemos ayudar al pobre. Así que, de nuevo, ¿en tu vida atiendes a los pobres de forma explícita, permanente y constante?

Sin embargo, cuando tratamos con los pobres, aún tenemos que mantener en orden nuestras prioridades. Una parroquia de la que yo por un tiempo fui miembro siempre se preocupó por los pobres, pero a veces no estaban preocupados por el amor de Dios o la devoción a Él. Tienes que tener las dos cosas. No puedes ser solo un trabajador social. Tienes que ser un trabajador social y un amante de Dios como lo era la Madre Teresa. Solo entonces puedes realmente cambiar el mundo y ayudar a los pobres.

¿Cómo podemos, de manera constante, ofrecer nuestra vida por los pobres? En primer lugar, eso significa que demos el diezmo. Yo solía enseñar a mis estudiantes que si ganaban cien dólares a la semana, destinaran diez dólares a la Iglesia o a los pobres.

Les digo a mis feligreses: "No me importa si le dan dinero a la Iglesia; pero más vale que se aseguren de atender a los pobres con ese dinero". Si me preguntan, le digo a la gente que deberían dar el 5% de su dinero a la Iglesia y el 5% a los pobres que Dios los ha llamado a cuidar.

Algunas personas dicen, "Padre, no puedo darme el lujo de dar el diezmo". Yo les digo: "Escucha, hijo; ¡tú no puedes darte el lujo de no dar el diezmo!"

¿Qué porcentaje de tu dinero le pertenece a Dios? ¡Todo! ¡El cien por ciento! Dios nos dice a ti y a mí: "Escucha, hagamos un trato. En realidad, todo tu dinero es mío. Te doy la capacidad; te doy los pensamientos; te doy todo. Es mío.

Pero te dejaré quedarte con el noventa por ciento. Dame solo un diez por ciento". ¡Creo que es un trato excelente!

Pero la mayoría de los católicos y otros cristianos no creen que esto sea un buen negocio. Incluso cuando damos el diezmo, solo se trata de mandatos del Antiguo Testamento, porque la mayoría de los cristianos no pueden hacer frente a la realidad del Nuevo Testamento. Lee los Hechos de los Apóstoles. ¿Qué porcentaje del dinero perteneciente a los seguidores de Cristo se entregaba la Iglesia primitiva? Todo, el 100 por ciento. Y luego la Iglesia lo distribuía a los pobres. Ahora como que sí te gusta el concepto del 10 por ciento, ¿no es así?

En lo económico, ¿cuidas de los pobres de manera coherente? Y, de ser posible, ¿con tu tiempo? Te digo esto solo porque algún día estarás de pie delante del Dios del universo y Él te preguntará: "¿Cómo es que veinticuatro mil hijos míos morían de hambre cada día en el mundo mientras tú estabas vivo?" Y tú podrías responder: "Bueno, no eran mis hijos". Dios dirá: "No... eran los míos. Y yo te di en abundancia, para que pudieras cuidar de ellos, pero tú gastaste todo en tus caprichos, y ellos murieron porque tú fuiste egoísta".

No podemos decir que amamos a Dios si no cuidamos de los demás. Santiago 2, 14–17 nos dice: "Hermanos míos, ¿de qué le sirve a uno decir que tiene fe, si sus hechos no lo demuestran? ¿Podrá acaso salvarlo esa fe? Supongamos que a un hermano o a una hermana les falta la ropa y la comida necesarias para el día; si uno de ustedes les dice: 'Que les vaya bien; abríguense y coman todo lo que quieran', pero no les da lo que su cuerpo necesita, ¿de qué les sirve? Así pasa con la fe: por sí sola, es decir, si no se demuestra con hechos, es una cosa muerta".

Yo no soy el que te va a decir cómo cuidar de los pobres; eso es entre tú y Dios. Solo estoy diciendo que debes hacerlo.

Los hombres pueden ser egoístas, sobre todo en los Estados Unidos. Pero tenemos que recordar que estamos llamados a vivir como vivió Jesús. Jesús vino para servir y para dar su vida. Es lo mismo con nosotros. ¡Para ser un hombre de amor, debes utilizar tus talentos y recursos para la edificación del Cuerpo de Cristo, su Iglesia y su mundo!

En mi parroquia, tengo una regla muy fuerte: los que no trabajan no deben comer. Esto está tomado de la segunda carta de Pablo a los Tesalonicenses: "Cuando estuvimos con ustedes, les dimos esta regla: El que no quiera trabajar, que tampoco coma" (3, 10). Yo les digo a mis feligreses que no hay ningún aprovechado en esta parroquia, pues todos tenemos que hacer algo por lo menos una vez al año para la edificación del Cuerpo de Cristo. ¡Y todo el mundo hace algo!

Una vez más, leemos en 1 Corintios 12, 4–7: "Hay en la iglesia diferentes dones, pero el que los concede es un mismo Espíritu. Hay diferentes maneras de servir, pero todas por encargo de un mismo Señor. Y hay diferentes manifestaciones de poder, pero es un mismo Dios, que, con su poder, lo hace todo en todos. Dios da a cada uno alguna prueba de la presencia del Espíritu, para provecho de todos". El "provecho de todos" del que san Pablo está hablando es la Iglesia. ¿Cómo amas a tu Iglesia, y cómo la edificas? No hay llaneros solitarios en el cristianismo. No puedes seguir a Jesús tú solo. Él siempre nos llama a una comunidad. Ser parte de la comunidad es ser un dador, un amante.

Después de haber dicho todo esto, en lo que realmente necesitamos enfocarnos ahora es en tu familia. La beata Madre Teresa de Calcuta decía a la gente que hay que empezar a amar primero en el propio hogar. No importa si el mundo piensa que somos la persona más amorosa que existe, la verdadera pregunta es, ¿cómo amas a tu familia?

Yo doy retiros para diáconos permanentes que normalmente están casados. Siempre les digo: "Señores, su primera preocupación debe ser amar a su familia y punto. ¡Si no es así, sálganse del diaconado! ¡Fuera!" Digo esto de todo corazón. Tenemos que empezar en casa, o si no, ¿cuál es el punto?

A veces las personas —y no solo los diáconos— sirven a la Iglesia para no tener que lidiar con sus familias. Ellos piensan: "En mi familia no me aprecian, pero en mi Iglesia sí". Ese modo de pensar puede significar que en realidad no estás amando apropiadamente. Cuidas solo de las personas que te aprecian, y no de las personas que Dios ha puesto en tu vida.

Un esposo está llamado a amar a Dios, sobre todo *por medio* de su esposa. Tu esposa es el sacramento de Cristo para ti. Tú eres el sacramento de Cristo para tu esposa. Cuando ella te mira, se supone que debe ver a Jesucristo. Es por eso que Efesios 5, 22–24 es un pasaje maravilloso. Dice: "Las esposas deben estar sujetas a sus esposos como al Señor. Porque el esposo es cabeza de la esposa, como Cristo es cabeza de la iglesia, la cual es su cuerpo; y él es también su Salvador. Pero así como la iglesia está sujeta a Cristo, también las esposas deben estar en todo sujetas a sus esposos" Muchos de nosotros recordamos una traducción que decía que las esposas debían ser "sumisas a sus maridos". El problema es que muchos hombres simplemente terminan el texto ahí, con lo de que sus mujeres sean "sumisas". A los hombres les encanta esa parte, y esa es la razón por la cual tantas mujeres se trastornan.

Hago esto muy explícito cuando predico en una ceremonia de matrimonio. Empiezo con la novia y digo: "Hija, tú lees la Biblia todos los días, ¿verdad?" Al principio, por lo general obtengo un "Sí, padre", y entonces digo en broma: "Si le mientes a un sacerdote, ya sabes, te vas al infierno". Entonces ella, por lo general dice rápidamente: "Bueno, no, Padre" Entonces continúo: "Bueno, hay un versículo en Efesios que dice: "Las esposas deben estar sujetas a sus esposos como al Señor". Y entonces pregunto: "¿Crees que realmente significa lo que dice?" Y siempre me dan un rotundo "¡No, Padre!" Entonces, literalmente, pego un brinco y grito: "¡Sí, sí significa lo que dice!" Cuando digo eso, todas las feministas de la multitud se molestan mucho y dicen cosas como: "Esta es otra razón por la que odio a la Iglesia Católica". Y la novia piensa: "¿Por qué escogimos a este sacerdote para que nos casara?" ¡Me encanta esto!

Entonces, como cualquiera que me conoce sabe, soy un ofensor en igualdad de oportunidades, así que me dirijo al novio, a quien por lo general le gusta todo esto. Una vez le dije a un novio: "Esto te costará otros cien dólares", y él respondió: "¡Esos serían los cien dólares mejor gastados de mi vida!" Pero ahora es el momento para que caiga el otro zapatazo. Entonces le digo al novio: "Tú lees la Biblia todos los días, ¿no?" Él siempre responde: "No, padre". Luego pregunto: "Bueno, ¿sabes lo que dice en Efesios después de 'Las esposas deben estar sujetas a sus esposos'?" El novio siempre mueve la cabeza y dice "No". Entonces sigo: "Dice: 'Esposos, amen a sus esposas como Cristo amó a la iglesia y dio su vida por ella'".

En ese momento pregunto: "¿Sabes lo que esto significa?" Y sigo bromeando: "¡Que tu vida se ha acabado!" Entonces les digo que cada día ellos tienen que estar más preocupados el uno por el otro de lo que están de sí mismos. ¡De eso es de lo que se trata el matrimonio!

Así que tienes que empezar a hacer por lo menos un acto desinteresado por tu esposa cada día. Sorpréndela. ¿Cuándo fue la última vez que la trataste de la misma manera que lo hacías cuando aún intentabas conseguir que se casara contigo?

A continuación, vamos a reflexionar sobre los hijos, que pienso es más fácil, ya que son una parte de ti. ¿Permitimos que nuestros hijos sean ellos mismos? Algunas personas piensan que la mejor forma de ser padre es ser muy estricto con la disciplina. Por supuesto; estoy de acuerdo. Pero tanto como disciplinas a tus hijos, también debes edificarlos.

A veces solo somos rudos y pensamos que esto es lo que Dios quiere, pero así no es Dios. Dios nos ama. Él entrega su vida por nosotros. Y además siempre nos dice que nos ama. ¿Correcto?

En tu Biblia deberías subrayar Juan 15, 12, donde Jesús nos manda: "Mi mandamiento es este: Que se amen unos a otros como yo los he amado a ustedes". Esta no es una opción. También dijo: "Yo los amo a ustedes como el Padre me ama a mí" (Jn 15, 9). Jesús, a los que amaba, les dijo que los amaba.

¿Por qué es que los hombres no hacen eso? Los hombres se sienten avergonzados. Tienen miedo. Esto los hace vulnerables. Piensan que para ser hombre, uno anda por ahí diciéndole a la gente que ama que la ama; pero Jesús les dijo a doce hombres que Él los amaba. Y luego nos dijo que amáramos a los demás de la misma manera.

Recordemos al muchacho que me venció en raquetbol. Lo único que siempre quiso de su padre era que le dijera que lo amaba. Su padre estaba allí en todos sus juegos. Su padre estaba allí para todo. Su padre estaba presente. Por nada se perdía un partido, pero él nunca le dijo a su hijo que lo amaba. Todavía me acuerdo de hace veinte años, cuando estaba tranquilo, sentado en mi oficina y a punto de ver una película con ese joven. De repente comenzó a sollozar. Me di la vuelta y le dije: "¿Qué te pasa?" Él me miró y dijo: "Lo único que siempre quise fue que mi padre me dijera que me amaba".

Señores, qué corta que es la vida. ¡Qué corta! ¿Cuándo fue la última vez que nos aseguramos de que nuestras esposas e hijos supieran que los amamos? ¿Ponemos eso como meta en nuestra vida, incluso cuando alguna vez no queremos estar cerca de ellos?

Como yo venía de una familia de policías en la ciudad obrera de Pittsburgh, Pensilvania, la gente a menudo me dice: "Ah, Padre, usted debe venir de una familia santa". Humm, pues no. ¿Alguna vez viste en la televisión la serie *Roseanne*? Esa era mi familia. Antes de que mi padre llegara a casa, se detenía en un bar y se tomaba un trago de licor y una cerveza. Uno de mis primeros recuerdos es cuando mi papá y yo estábamos sentados en un banco de un bar, y un borracho intentado darme un palito de regaliz. Me acuerdo que me retorcí en el banco. (No creo que mucha gente en aquella cantina en aquellas noches pensara que ese niño sentado en el taburete con su padre sería un sacerdote cuando creciera.)

De cualquier modo, ya que tanto mi padre como mi madre eran agentes de la policía, conocí a muchos policías. Venían y pasaban tiempo con mi familia. Es una vida muy dura ser un oficial de policía; realmente lo es. Cada vez que se recibe una llamada, es algo malo. Nadie llama para dar buenas noticias.

Así que, al crecer con policías, llegué a ser amigo de muchos de ellos. En particular, llegué a conocer muy bien a cierto policía. Ese hombre, sin embargo, se hizo un alcohólico empedernido. Abandonó a su esposa y, finalmente, dejó el departamento de policía de Pittsburgh y a sus hijos. Se mudó a Las Vegas porque pensaba que allí todo el mundo era feliz. Luego se convirtió en jefe de seguridad de uno de los casinos.

Él se hizo de una nueva esposa, nuevos niños, y un Cadillac grande, azul. (Hace años tener un Cadillac era lo máximo. Hoy en día hay que tener un Lexus, un Hummer o un Denali.) Lo tenía todo, pero aún estaba vacío. Siguió bebiendo y bebiendo. Después de unos años de vivir en Las Vegas, se mudó a Houston, Texas. Llegó a ser el jefe de seguridad de uno de los hospitales más grandes del país en un suburbio llamado Katy, pero aún seguía bebiendo y bebiendo y bebiendo. A pocos días de cumplir cuarenta y seis años, se estaba muriendo de cirrosis hepática. Por aquel entonces yo estaba en el último año del seminario universitario. Su esposa me llamó y me dijo: "Larry se está muriendo. ¿Puedes venir aquí y estar con él?"

"Claro, por supuesto" —le dije. Es el deber de un seminarista. Somos gente de amor. Sí, sí. Me subí a un avión y volé a Houston. Cuando entré en la habitación, no estaba preparado para ver lo que vi. Acostado en la cama estaba un esqueleto humano de cuarenta y cinco años de edad, con el pelo completamente cano. No podía hablar conmigo porque estaba conectado a un respirador, pero tenía una pequeña pizarra para comunicarse. Le dije: "Te ves como el infierno". (Ja, ja, ja. ¡Tengo un sentido negativo del humor, por si todavía no lo habías notado!)

Él asintió vigorosamente con la cabeza, pero no podía decirme nada. Me pasé una semana orando y hablando con este hombre lo mejor que pude. Me respondía por escrito en la pizarra. ¡Qué deprimentes pueden ser las habitaciones en la Unidad de Cuidados Intensivos! Al final de la semana, le dije: "Oye, escucha, me tengo que ir". Yo tenía que volar de regreso a Erie porque era septiembre y estaba en el último año de la universidad.

Pero yo le dije: "¿Sabes?, me voy a graduar en mayo, y sería estupendo si pudieras estar allí conmigo". El hombre asintió vigorosamente con la cabeza, pero ambos sabíamos que eso no iba a suceder: él iba a morir. Él lo sabía. Yo lo sabía. Así que le dije: "Está bien, voy a orar por ti". Suena tan santo. A veces nosotros los católicos, nosotros los cristianos, hacemos cosas santas, pero descuidamos las cosas más importantes. "Voy a orar por ti" —le dije. Mientras salía de la habitación, se me ocurrió mirar atrás porque sabía que sería la última vez que vería a ese hombre. Cuando lo miré vi que me estaba llamando desesperadamente con las manos. Corrí hacia el otro lado de la cama pensando que algo andaba muy mal. Le dije: "¿Cuál es el problema? ¿Qué puedo hacer por ti?" Ese hombre me tomó, me agarró y tiró de mí acercándome tanto a él y me abrazó tan fuerte que todavía puedo sentirlo. Eso fue hace veinticinco años, pero lo siento como si hubiera pasado hace dos segundos. Mientras él me sostenía muy cerca, le dije: "Sí, yo también te quiero, papá".

La única vez que le dije a mi papá que lo amaba fue cuando él estaba en su lecho de muerte. ¿Por qué? Porque él no era el tipo de padre que yo quería. ¿Por qué? Porque pasé toda mi vida juzgando a mi padre, en vez de amar a mi padre.

Jesucristo, el Dios del universo, nos dio un solo mandamiento: "Ámense unos a otros como yo los he amado a ustedes", y Él nos *prohíbe* juzgar. Aún así, nosotros los católicos somos a veces grandes enjuiciadores ¡pero no tan grandes amadores! ¡Es hora de cambiar!

En algún momento de nuestras vidas, los hombres tenemos que superar esto. A veces somos grandes enjuiciadores. Juzgamos a todos: nuestras familias, a las personas con quienes trabajamos, a nuestros amigos. Lo enarbolamos como rectitud. Decimos: "Realmente no estoy juzgando. Solo estoy diciendo las cosas como son". Lo racionalizamos.

Mi sugerencia es que cuando termines de leer este capítulo, vayas a escribir una carta a tu esposa y le digas que la amas. Luego, escríbeles a tus hijos y diles que los amas y por qué. No uses esa carta de una manera negativa, diciendo cosas como: "Estoy decepcionado de ti, pero a pesar de que estoy decepcionado de ti, aún así te amo". ¡DEJA ESO! Esa es una manera de controlar a la gente. El amor no controla a la gente. El amor, por definición, libera a la gente.

La forma en que quiero que escribas estas cartas es que actúes como si tú te fueras a morir hoy a la medianoche. ¿Qué te gustaría que supieran?

Si eres uno de esos tipos que dicen: "Padre, yo no tengo que hacer eso, porque ellos ya lo saben", entonces te voy a dar un consejo: nunca en tu vida te lamentarás de haberles dicho a tu esposa y a tus hijos y la gente que quieres que los amas; nunca lo lamentarás. No vas a estar en tu lecho de muerte diciendo: "No puedo creer que les dije a diario mis seres queridos que los amaba. ¿Qué es lo que me pasa?"

A lo largo de mi sacerdocio he estado junto a muchísimos lechos de muerte, así que sé cómo va a ser como cuando te estés muriendo. Mientras yaces allí, lo que va a ser más importante para ti son tus relaciones personales, la gente que amaste y la gente que correspondió a tu amor. Entonces, ¿por qué no vivimos cada día con eso en mente?

Algunos de ustedes deben escribir una carta a sus padres también. No me digas: "Pero Padre, ellos nunca me dijeron que me amaban". Supéralo. Sé tú el primero en tomar la iniciativa.

Toma la decisión de nunca dejar que tu esposa o tus hijos vayan a la cama o salgan de la casa sin que primero les digas que los amas: ¡la vida es demasiado corta! Eso cambiará tu familia. Cambiará el mundo.

Como ya he dicho, en mi vida adulta la única vez que le manifesté a mi padre que yo lo amaba era cuando se estaba muriendo. Mi padre, sin embargo, sí me lo dijo años atrás. De hecho, todavía tengo una grabación. Él me dio una cinta de casete que grabó una noche en una de sus borracheras. Yo podía oír los sonidos del vidrio y el hielo mientras vertía otro trago cuando dijo: "Bueno, Larry, tú sabes, no sé si alguna vez te he dicho esto antes, pero te amo". Tan pronto como oí eso tuve que apagar la grabadora y nunca la he escuchado otra vez, aunque eso sucedió hace más de treinta años. Es una emoción cruda. Realmente golpea el nervio en la esencia de quiénes somos.

Todos los días me aseguro de que lo que ocurrió entre mi padre y yo no vaya a pasar con mi madre, quien vive todavía. Probablemente, a veces te acercas a besar a su madre antes de partir. Pues mi familia nunca ha sido así. Yo dejé que eso continuara así durante años, a pesar de que a la vez estaba diciéndole a la gente que le dijera a sus seres queridos que los amaban. Un día me dije: "Bueno, tengo que hacer valer esto en mi familia". Así que un día le dije a mi mamá: "Está bien, mamá, te quiero. Dios te bendiga". ¡Nada! Ninguna respuesta. Nada de "¡Yo también te amo, hijo!" ¡Nada! Pero seguí perseverando durante meses. Al final de cada conversación, yo concluía con un "Te amo" que se quedaba sin respuesta.

Finalmente, hace un par de años, después de hacer eso durante casi un año y medio, yo iba conduciendo mi auto hacia Peoria y hablaba con mi madre por teléfono. Una vez más, antes de colgar, le dije: "Está bien, mamá, te amo. Dios te bendiga". Y mi mamá dijo: "Larry, yo también te amo". ¡Casi choqué el carro!

Tenemos que perseverar, con una actitud amorosa, en decirle a la gente que queremos que la amamos.

Todo comienza hoy mismo, en este momento. No permitas que tus hijos o tu cónyuge sean jamás heridos por ti, solo porque no eras lo suficientemente hombre como para amarlos y decirles que los amabas.

Toma la decisión. No te preocupes por el rechazo. Solo te enseñará a amar como Dios.

Creo que la persona que más aprendió eso en nuestra época fue la Madre Teresa. Ella no sintió nada. Durante muchos años amó a los más pobres de los pobres, y amó a Dios, a pesar de que sentía una gran desolación. Cuando era más joven, ella fue a Dios en oración y dijo: "Dios, quiero amar como tú amas". Él le concedió su petición. Ella amó más que ninguna otra persona que conozcamos en la Tierra. Ella cuidó de los más pobres entre los pobres. Los lavaba, los limpiaba, pero no sentía nada cuando oraba. Pasaba por lo menos una hora cada día de rodillas en oración frente al Santísimo Sacramento. Rezaba el Rosario. Incluso mientras la entrevistaban, uno siempre veía que ella rezaba el Rosario constantemente, aunque no sintiera nada.

Eso es el amor ágape. Es un amor que da de sí mismo, sin importar lo que pase. No hay recompensa requerida del amor ágape. Uno no obtiene nada, excepto amar y dar la vida. Cuando tú y yo aprendamos a amar como Dios ama, por la gracia de Dios podremos comenzar a cambiar el mundo, empezando con nuestras familias.

¡Ten valor y sé un hombre de amor!

Tres tareas que debes cumplir:

1. Sé un hombre de generosidad. Comienza a dar el diezmo y a cuidar de los pobres y de tu parroquia.
2. Sé un hombre que le dice a las personas que quieres, que las amas. Escribe una carta a los miembros de tu familia diciéndoles lo mucho que los amas y luego comprométete a decírselo todos los días por el resto de tu vida.
3. Sé un hombre que ama a sus enemigos. Comienza a orar por ellos y pídele a Dios que los ame a través de ti.

Preguntas y acciones para la reflexión y el diálogo:

1. ¡La gente debería mirarte y saber que estás locamente enamorado de Cristo! ¿Esto es cierto en tu vida? ¿Por qué sí o por qué no?

2. Reflexiona sobre la frase de Dorothy Day: "Amamos a Dios tanto como a la persona que menos nos gusta". ¿Estás de acuerdo o en desacuerdo? Explícalo.

3. ¿Les dices a tus seres queridos que los amas? ¿Por qué sí o por qué no?

CAPÍTULO 7

Sé un hombre que es sabio

Sin embargo, entre los que ya han alcanzado la madurez en su fe sí usamos palabras de sabiduría. Pero no se trata de una sabiduría propia de este mundo ni de quienes lo gobiernan, los cuales ya están perdiendo su poder. Se trata más bien de la sabiduría oculta de Dios, del designio secreto que él, desde la eternidad, ha tenido para nuestra gloria.

— 1 Corintios 2, 6–7

Charles Dickens dijo una vez: "Hay una gran diferencia entre la sabiduría de la cabeza y la sabiduría del corazón".

Como ya hemos comentado, 2 Timoteo 1, 7 nos dice: "Pues Dios no nos ha dado un espíritu de temor, sino un espíritu de poder, de amor y de buen juicio". A mí me encanta una versión tradicional en inglés que en lugar de "buen juicio" dice "sabiduría". Pero revisé otras quince traducciones de la Biblia y ninguna de ellas usaba la palabra "sabiduría". Según la *Concordancia Strong*, esa palabra final del versículo 7 es un sustantivo que significa "templanza" o "dominio propio". Algunas traducciones modernas lo expresan así, o también como "buen juicio", que es lo que hace la versión que citamos. Nosotros, sin embargo, vamos a ver cómo está implicada la sabiduría.

Como nos enseñó el buen Dickens, hay diferentes tipos de sabiduría. No estamos hablando de la sabiduría del mundo. La sabiduría del mundo se recibe por medio de la educación y la lectura de libros. El conocimiento de los libros no tiene nada que ver con la clase de sabiduría que necesitamos. Estamos hablando de la sabiduría del corazón. Estamos hablando de la sabiduría que nos dice cómo vivir. Es por eso que las traducciones mencionadas usan términos como "templanza" y "dominio propio" en lugar de "sabiduría".

Primero debemos saber que la sabiduría viene del Espíritu Santo de Dios y es un don gratuito. ¿Cómo utilizas ese don gratuito? ¿Cómo tomas este regalo de Dios y lo haces más vivo en tu corazón? Para responder a estas preguntas debemos volver a donde comenzó este libro, cuando me referí al primer libro de los Reyes. Después de que David dijo a su hijo Salomón: "Ten valor y pórtate como un hombre" (1 Reyes 2, 2), David murió, y le dejó al joven Salomón un reino para gobernar. Salomón probablemente pensó: "¿Y ahora qué voy a hacer? ¿Cómo voy a portarme como un hombre?" Así que, "una noche, en Gabaón, el Señor se apareció en sueños a Salomón y le dijo: 'Pídeme lo que quieras, y yo te lo daré'" (1 Reyes 3, 5).

Caballeros, piensen ahora en eso. Si el Dios del universo viniera a ustedes en un sueño y dijera: "Pídeme lo que quieras, y yo te lo daré", ¿qué le pedirías? Salomón, a quien su padre le dijo que se portara como un hombre, contestó:

> Tú trataste con gran bondad a mi padre, tu siervo David, pues él se condujo delante de ti con lealtad, justicia y rectitud de corazón para contigo. Por eso lo trataste con tanta bondad y le concediste que un hijo suyo se sentara en su trono, como ahora ha sucedido. Tú, Señor y Dios mío, me has puesto para que reine en lugar de David, mi padre, aunque yo soy un muchacho joven y sin experiencia. Pero estoy al frente del pueblo que tú escogiste: un pueblo tan grande que, por su multitud, no puede contarse ni calcularse. Dame, pues, un corazón atento para gobernar a tu pueblo, y para distinguir

entre lo bueno y lo malo; porque ¿quién hay capaz de gobernar a este pueblo tuyo tan numeroso? (1 Reyes 3, 6–9)

Al Señor le agradó que Salomón hiciera esta petición, y entonces le dijo:

> Porque me has pedido esto, y no una larga vida, ni riquezas, ni la muerte de tus enemigos, sino inteligencia para saber oír y gobernar, voy a hacer lo que me has pedido: yo te concedo sabiduría e inteligencia como nadie las ha tenido antes que tú ni las tendrá después de ti. Además, te doy riquezas y esplendor, cosas que tú no pediste, de modo que en toda tu vida no haya otro rey como tú. Y si haces mi voluntad, y cumples mis leyes y mandamientos, como lo hizo David, tu padre, te concederé una larga vida (1 Reyes 3,11–14).

Salomón no pidió para sí mismo ninguna cosa material; pidió el don espiritual de la sabiduría, para poder gobernar al pueblo de Dios. Así que Dios no solo le dio sabiduría, sino también riquezas y una larga vida; le dio todas esas cosas porque Salomón era desinteresado. Lo mismo debe suceder con nosotros. Cuando nos presentamos ante el Dios del universo y Él dice: "¿Qué quieres?", sé desinteresado y Dios responderá a tu oración. Cuando nos despojamos del egoísmo, estamos demostrando el amor y la sabiduría que viene del Espíritu de Dios.

También nosotros necesitamos primero pedir la sabiduría. Dios quiere dártela. Él ya te la ha dado en tu bautismo y sigue dándotela en el Espíritu. Pregúntale a Dios cómo usarla. ¿Para qué? Para ser un buen padre, para ser un buen amigo, para ser un buen empresario, para ser un buen hombre de la iglesia, para ser un buen hombre de Dios. Di: "Yo no sé qué hacer, pero tú sí, Padre. Concédeme el don del Espíritu y lléname de sabiduría".

La segunda cosa que tenemos que hacer es distinguir entre la sabiduría del mundo y la sabiduría de Dios. En 1 Corintios 1, 17–23, san Pablo dice:

> Pues Cristo no me mandó a bautizar, sino a anunciar el evangelio, y no con alardes de sabiduría y retórica, para no quitarle valor a la muerte de Cristo en la cruz.
>
> El mensaje de la muerte de Cristo en la cruz parece una tontería a los que van a la perdición; pero este mensaje es poder de Dios para los que vamos a la salvación. Como dice la Escritura: "Haré que los sabios pierdan su sabiduría y que desaparezca la inteligencia de los inteligentes." ¿En qué pararon el sabio, y el maestro, y el que sabe discutir sobre cosas de este mundo? ¡Dios ha convertido en tontería la sabiduría de este mundo! Puesto que el mundo no usó su sabiduría para reconocer a Dios donde él ha mostrado su sabiduría, dispuso Dios en su bondad salvar por medio de su mensaje a los que tienen fe, aunque este mensaje parezca una tontería. Los judíos quieren ver señales milagrosas, y los griegos buscan sabiduría; pero nosotros anunciamos a un Mesías crucificado. Esto les resulta ofensivo a los judíos, y a los no judíos les parece una tontería.

Muchas veces vemos en la televisión a gente que piensa que es sabia. Tenemos conversaciones con personas con todo tipo de títulos y que ponen siglas después de su nombre. A ellos les encanta expresar su sabiduría. Cuantos más títulos tengas, más sabio eres: al menos eso es lo que se piensa en los Estados Unidos. Pero, en mi humilde opinión, he encontrado que la realidad es exactamente lo contrario. A veces, entre más títulos tiene la gente, menos sabiduría tiene. ¿Has notado eso? Claro, espero que no siempre sea ese el caso, porque pronto obtendré mi segunda maestría. Solo tenemos que saber que la sabiduría que debemos buscar no vendrá de ser eruditos, sino de la cruz de Jesús.

Dios ha elegido revelarse a sí mismo por medio de la pobreza y de la cruz. Filipenses 2, 5 nos dice que la sabiduría es tener la mente de Dios. "Tengan unos con otros la manera de pensar propia de quien está unido a Cristo Jesús". Así de sencillo. Verás las cosas de la manera en que Dios las ve, en lugar de la forma en que el mundo ve las cosas.

La sabiduría tiene entonces implicaciones con tu familia, con tu dinero, con la política, con todo: tiene implicaciones muy prácticas. ¿Miras tu vida a través de los ojos de los hombres, o miras tu vida a través de los ojos de Dios? Una de esas formas de verla trae la destrucción: la otra trae la vida.

Reflexiona sobre Filipenses 2, 2–3 que dice: "Llénenme de alegría viviendo todos en armonía, unidos por un mismo amor, por un mismo espíritu y por un mismo propósito. No hagan nada por rivalidad o por orgullo, sino con humildad, y que cada uno considere a los demás como mejores que él mismo". Algunas versiones dicen que todos consideren a los demás "como superiores a sí mismos". ¿No es esa la sabiduría? Esa es la sabiduría del Evangelio.

El Dios del universo decidió nacer en un pesebre. Nadie le daría la bienvenida. Ese es el camino que Dios ha elegido para manifestar su sabiduría. Esto puede ser fácil predicarlo, pero no siempre es fácil vivirlo. Filipenses continúa: "Ninguno busque únicamente su propio bien, sino también el bien de los otros. Tengan unos con otros la manera de pensar propia de quien está unido a Cristo Jesús, el cual: 'Aunque existía con el mismo ser de Dios, no se aferró a su igualdad con él, sino que renunció a lo que era suyo y tomó naturaleza de siervo, haciéndose como todos los hombres" (Filipenses 2, 4–7).

En la Carta a los Romanos, San Pablo se refiere a sí mismo como "Pablo, siervo de Cristo Jesús" (1, 1). Y en Tito, se presenta a todos como "Pablo, siervo de Dios y apóstol de Jesucristo" (1, 1). Piensa en eso. Si fueras a presentártele a alguien, ¿qué dirías? Si escucharas hoy a alguien presentándose a sí mismo de ese modo, pensarías que es un fanático. Tal vez dirías: "Esa persona es realmente extraña". Pero así era como Pablo quería ser conocido. Él no vivía para este mundo, sino para el venidero. Quería ser conocido como quien él era en Cristo, no por lo que había hecho en el mundo. Eso es sabiduría.

Claro que ser sabio no significa que tienes que decirle eso a cada persona que conozcas, pero sí significa que si vas a ser un hombre sabio, vas a tener que vivir eso. ¡Vas a tener que vivir como siervo de Jesucristo! A menudo no queremos ni siquiera utilizar la palabra "siervo" o "esclavo", ya que tiene tantas connotaciones negativas, y la esclavitud, por supuesto, es algo incorrecto. En el tiempo de san Pablo, un esclavo siempre debía estar mirando al amo. Si el amo levantaba la mano, el esclavo se presentaba allí inmediatamente. Ser hombres sabios significa que estamos mirando siempre a Jesús para recibir de él las órdenes sobre lo que vamos a hacer a continuación.

Por ejemplo, cuando yo me despierto por la mañana, por lo general no tengo los mejores pensamientos. Tengo demasiadas cosas que hacer y es demasiado temprano. Entonces hago mi hora de oración y me reenfoco diciendo: "Muy bien, Dios, tengo muchos planes para hoy, pero esos planes no importan. ¿Qué es lo que quieres tú? Si quieres que haga algo diferente, entonces dímelo".

Hace años, cuando era asistente en la iglesia de San Lucas, me desperté una mañana, recé mi hora santa y luego tenía la Misa. Durante toda la Misa no pude dejar de pensar en que *tenía* que ir al Oratorio de San José, en Canadá. Dios me estaba diciendo: "Quiero que te marches hoy. Quiero que vayas a Canadá". Yo no estaba exactamente abierto a la idea porque era enero y nevaba, y tenía muchas otras cosas que hacer. Le dije a Dios: "No, está nevando. No voy a ir a Canadá. Tendría que manejar siete horas y media. ¿Perdiste la cabeza? ¡De ninguna manera!" Finalmente, después de la Misa, no podía luchar más, así que fui a hablar con el Monseñor.

—Eh, ¿Monseñor?

—Sí, Larry —dijo.

—He tenido que cancelar todas mis citas porque tengo que salir hoy.

—¿A dónde vas? —preguntó.

—A Canadá —repuse.

—¡Está nevando!

—Lo sé —contesté—. Ya le dije a Dios que está nevando. Pero Él dijo: 'Quiero que vayas a Canadá'.

Así que me fui a Canadá. Mientras estuve allá, fui a confesarme. Fue uno de los momentos más espirituales de mi vida, porque ese día cuando me levanté yo tenía mis planes, pero Dios dijo: "Son buenos, pero mi plan para ti hoy es este otro. ¿Quieres deshacerte de todo lo demás, por favor?" Y yo dije: "Ah, está bien".

Cada día deberíamos empezar por ser prácticos y tener la sabiduría de Dios para decir: "Estos son mis planes, ¿cuáles son los tuyos? Voy a hacer lo que tú quieras". Eso es lo que significa ser un esclavo de Cristo. Es increíble cómo muchos de nosotros decimos: "Jesucristo es el que manda en mi vida". Yo siempre respondo: "¡Demuéstralo!" Hoy, ¿harías cualquier cosa que Él te diga que hagas?

En primer lugar, tienes que escucharlo a Él durante tu tiempo de oración. Una persona sabia está dispuesta a poner todo lo demás en un segundo plano por la voluntad del Padre, por la voluntad de Jesucristo. Di: "Jesús, te amo; te doy mi vida". Punto. La parte más difícil de mi día es a menudo cuando Jesús me dice: "Bueno, Larry, me parece muy bien que me hayas dado tu vida. Ahora pruébalo. Lo que quiero que hagas hoy es esto y esto". Dos minutos después de haberle dado mi vida a Jesús, quiero tomarla de nuevo.

—Dios, lo siento, pero no quiero hacer lo que tú quieres que haga hoy —le digo.

—Larry, dijiste que eras mi siervo —dice Él.

Sí, tenemos que ser siervos, pero tenemos que ser siervos por amor. Cuando estás enamorado de alguien, con todo gusto satisfaces todas las necesidades de esa persona, si está dentro de tu alcance hacerlo. ¡Así que ser un siervo de Dios es ser un siervo del Amor!

Para los sacerdotes, religiosos y religiosas, el voto más difícil que tomamos no es el celibato. El celibato, señores, es un voto fácil de hacer. Créanmelo. Algunos de ustedes, que están casados, ya lo saben. Vivir una vida célibe es vivir una vida libre.

El voto que los sacerdotes tienen que tomar dos veces, sin embargo, es el de obediencia. Cuando fui ordenado diácono tomé mi voto de obediencia, pero luego, cuando me ordenaron sacerdote, me hicieron tomar ese voto otra vez. En ese tiempo fui adonde el obispo y le pregunté:

—Señor Obispo, ¿cómo es que tenemos que hacer dos veces el voto de obediencia, pero el de celibato solo una vez?

—Para asegurarse de que funciona, Larry —contestó.

Hay una gran libertad en la obediencia. Algunas personas piensan que el Dios del universo solo nos mira y dice: "Yo quiero que seas mi esclavo". Ese sería un dios horrible. Nuestro Dios dice: "Escucha, voy a mostrarte cómo. Primero yo seré esclavo tuyo para enseñarte. Ahora tú ve tú y sé un esclavo de los demás". Juan 13, 1–5 nos recuerda cómo actuó Jesús:

> Era antes de la fiesta de la Pascua, y Jesús sabía que había
> llegado la hora de que él dejara este mundo para ir a reunirse

con el Padre. Él siempre había amado a los suyos que estaban en el mundo, y así los amó hasta el fin. El diablo ya había metido en el corazón de Judas, hijo de Simón Iscariote, la idea de traicionar a Jesús. Jesús sabía que había venido de Dios, que iba a volver a Dios y que el Padre le había dado toda autoridad; así que, mientras estaban cenando, se levantó de la mesa, se quitó la capa y se ató una toalla a la cintura. Luego echó agua en una palangana y se puso a lavar los pies de los discípulos y a secárselos con la toalla que llevaba a la cintura.

Los versículos 12–15 nos dicen: "Después de lavarles los pies, Jesús volvió a ponerse la capa, se sentó otra vez a la mesa y les dijo: '¿Entienden ustedes lo que les he hecho? Ustedes me llaman Maestro y Señor, y tienen razón, porque lo soy. Pues si yo, el Maestro y Señor, les he lavado a ustedes los pies, también ustedes deben lavarse los pies unos a otros. Yo les he dado un ejemplo, para que ustedes hagan lo mismo que yo les he hecho". Así es como vivimos la sabiduría. Vivimos la sabiduría siendo siervos de los demás.

Jesús no dijo: "Yo quiero que seas un esclavo". Lo que dijo fue: "Ustedes hagan lo mismo que yo les he hecho". Esto es todo lo contrario del mundo. El mundo tiene lo que yo llamo la "teología de la Burger King". El viejo lema de los restaurantes de hamburguesas Burger King era "Hazlo a tu manera". El lema del cristiano es: "¡Hazlo a la manera de Dios!"

Cristo nunca se preocupó por hacerse propaganda. Cuando Él hacía milagros, generalmente le decía a la persona sanada que no le dijera a nadie nada de lo que había hecho por ella. Cuando permitía que la persona curada lo dijera a los demás, le indicaba que dejara en claro lo que Dios en su misericordia había hecho. Jesucristo no quería que la gente lo mirara a Él, aunque era Dios. Nosotros tenemos que seguir su ejemplo.

Los judíos esperaban a un Mesías que se hiciera rey y que estableciera el reino de Jerusalén. Ellos estaban a la espera de un Mesías terrenal, y algunos siguen esperándolo. Esperaban un Mesías que hiciera grande a la nación judía. Pero en vez de eso llega Jesús, el siervo sufriente. Fue por eso que muchos de ellos no pudieron aceptar a Jesús. Él era exactamente lo contrario de lo que ellos querían y esperaban, a pesar de que Isaías había profetizado acerca del siervo sufriente (ver Is 52, 13—53, 12). Algunas personas dicen que Judas traicionó a Jesús porque estaba tratando de obligar a Jesús a ser el gran mesías que él esperaba.

El mundo siempre quiere saber quién tiene el poder, mientras que Dios quiere saber quién es el siervo.

Observemos otro ejemplo: el Imperio romano. Roma era la nación más grande en ese tiempo. Roma lo conquistó todo. Algunos de sus emperadores trataron de matar a los cristianos por muchos motivos, pero aún cuando lo hicieron, a fin de cuentas su poder resultó inútil. Muchos cristianos murieron en Roma, a sabiendas de que este mundo no era su hogar.

Roma no entendió a personas como san Ignacio de Antioquía, quien oró así pidiendo la muerte: "Quiero morir. No me des lo que dice el mundo. No trates de salvarme si ellos tratan de matarme. Eso es del mundo. Eso no es de Dios. Oigo que brota dentro de mí la voz de mi Padre que dice: 'Ven al Padre' "[1] ¡Qué manera de morir!

¿Hay alguna mejor forma de morir que morir felizmente? San Ignacio estaba orando por el martirio. "Oh, Dios, por favor, ¡que yo sea digno del martirio!" Allí estaban los romanos con su gran poder, con su gran fuerza, con uno de los ejércitos más grandes que han existido, matando a los cristianos,

---

[1] Parafraseado de la Carta de san Ignacio a los Romanos tal como se encuentra en el Oficio de Lecturas (edición en inglés), *The Liturgy of the Hours* (Nueva York: Catholic Book Publishing Co., 1975), pp. 1490–92.

pero, ¿quién está establecido hoy encima de Roma? El Vaticano. La Basílica de San Pedro se encuentra en el mismo lugar donde mataban a los cristianos: sobre los restos mismos de san Pedro, a quien ellos mataron.

Los romanos pensaron que ellos librarían al mundo del cristianismo. Fueron unos insensatos. El que es sabio es Dios. La sabiduría del mundo puede funcionar por un tiempo, pero todo pasa muy rápido. Al final, Dios gana.

A los estudiantes de secundaria que están en retiros me gusta decirles: "Damas y caballeros, todo lo que ustedes ven a su alrededor va a desaparecer un día. Un día, todo lo que ven va a ser nada. Todos nosotros vamos a ser polvo". Tenemos que saber en lo más profundo de nuestro ser que este mundo no es nuestro hogar; solo estamos de paso. Nuestro verdadero hogar está en el cielo, y tenemos que hacer todo lo posible para cooperar con la gracia que Dios nos otorga.

Es por eso que una persona sabia vive para la eternidad y no vive para el mundo. Una persona insensata invierte todo su dinero en el mundo. Caballeros, esa es una apuesta perdida. Todo lo que ustedes tienen habrá desaparecido un día. Así que, ¿qué clase de sabiduría es esa?¿Están acumulando su tesoro en el cielo? Jesús dice: "No amontonen riquezas aquí en la tierra, donde la polilla destruye y las cosas se echan a perder, y donde los ladrones entran a robar. Más bien amontonen riquezas en el cielo, donde la polilla no destruye ni las cosas se echan a perder ni los ladrones entran a robar. Pues donde esté tu riqueza, allí estará también tu corazón" (Mateo 6, 19–21).

El dinero guardado en el banco no es muy útil para la vida después de la muerte. ¿Estás entregando tu vida como un esclavo? La sabiduría del mundo dice "acumula, acumula, acumula", y "yo, yo, yo". La sabiduría de Cristo dice: "tú, tú, tú". ¿Por cuál de ellas te has dejado convencer?

Filipenses 2, 7 nos recuerda la naturaleza de Jesús: Él "renunció a lo que era suyo y tomó naturaleza de siervo, haciéndose como todos los hombres". ¿Pensaste alguna vez en esto? ¿Alguna vez te has detenido a ver que muchas de esas estrellas en los cielos son más grandes que nuestro sol? El sol solamente es la estrella más cercana a nosotros. Hay miles de millones de estrellas, y el Dios del universo está más allá de todas esas cosas. Sin embargo, ese Dios se humilló y se hizo uno de nosotros.

Filipenses continúa enseñándonos la sabiduría de Dios: "presentándose como un hombre cualquiera, se humilló a sí mismo, haciéndose obediente hasta la muerte, hasta la muerte en la cruz" (Flp 2, 8).

Jesucristo, el Rey de Reyes, se convirtió en un esclavo por ti, ¿cómo no querer convertirse en esclavo por Él?

Una de mis películas favoritas es *La Ciudad de la Alegría*. Está basada en el libro del autor francés Dominique Lapierre. El libro trata de un médico que se acerca a la Ciudad de la Alegría en Calcuta y conoce a un sacerdote. El sacerdote lo guía a la conversión de su vida, invitándolo a compartir la vida de los pobres. (Por supuesto, en la película el papel del médico es interpretado por Patrick Swayze y es una enfermera quien lo conduce a la conversión, pero así es Hollywood.)

Hay una cita que aparece en la pantalla al final de la película y que dice simplemente: "Todo lo que no se da se pierde". Eso es sabiduría.

Jesús mismo lo dijo, pero Él lo expresó de otra manera. Dijo: "Porque el que quiera salvar su vida, la perderá; pero el que pierda la vida por causa mía, la encontrará" (Mt 16, 25).

La mejor manera de vivir una vida sabia es vivir la vida con las manos abiertas. Deja que Dios te dé lo que Él quiera, y deja que Dios tome de ti lo que Él quiera. "Dios, dame lo que tú quieras y estaré agradecido. Toma lo que tú quieras y estaré agradecido".

Job, en el Antiguo Testamento, es un ejemplo de lo que significa vivir una vida sabia. Él dijo: "El Señor me lo dio todo, y el Señor me lo quitó; ¡bendito sea el nombre del Señor!" (Job 1, 21). ¿No es asombroso? Por desgracia, esa es una forma de vida que nos es ajena.

Nos es ajena porque queremos que la vida sea a nuestro modo y queremos que Dios se asegure de que suceda a nuestro modo.

Muchas veces cuando estoy en retiros de hombres, ellos me dicen:

—Padre, estoy enojado con Dios.

—¿Por qué? —respondo.

—Porque Él no me ha dado lo que yo quería —contestan ellos.

—Oh. Así que eso es en lo que consiste la oración, ¿eh? —les pregunto yo. ¿Pensamos que el Dios del universo debería rendirse ante nosotros y debería darnos lo que queremos? Eso no es oración. Eso es estar usando a Dios. Cuando llegamos delante de Dios, nuestra actitud tiene que ser: "Señor, yo soy tu esclavo; aquí están mis manos, aquí está mi vida, aquí está mi familia, todo es tuyo. Todo lo que tú me quites, bendito seas, oh Dios. Todo lo que me des, bendito seas, oh Dios". Es muy difícil vivir esa vida, pero es la mejor manera de tener la mente de Dios y ver todo desde la perspectiva de la eternidad.

Cierto santo, cuando se enfrentaba a los problemas en su vida, decía: "¿Qué es esto en comparación con la eternidad?" Esto lo pone todo en perspectiva.

Para dejar este punto más claro, ¿es mejor morir a los diez años o a los noventa? A los diez, si tú crees que el cielo es todo lo que Dios dice que es. Si dices que a los noventa, estás mirando el mundo a través de los ojos del hombre. Si lo miras a través de los ojos de Dios, el niño de diez años es el más bendecido. Tenemos que mirar la vida desde la perspectiva de la eternidad.

Sé que no te acuerdas de cómo era cuando estabas en el vientre de tu madre, pero ¡apuesto a que te encantó estar allí! Podías sentir a tu madre, y toda tu vida procedía de ella, pero no podías verla hasta que naciste. ¿Alguno de ustedes quiere volver allí?

Bueno, eso es lo que es la vida. Si se quiere, estamos en el seno de Dios. (No, no estoy diciendo que Dios es femenino, pero ese es tema de otro libro.) Podemos sentir a Dios; podemos experimentar su amor. Todo lo que tenemos viene de Dios, ¡pero no podemos verlo cara a cara hasta que nazcamos a la vida eterna! ¿Entiendes?

Aprender a mirar la vida desde la perspectiva de la eternidad no es fácil. Incluso san Pedro tuvo dificultades con ello. Cuando Jesús habló de tener que marcharse y morir, Pedro dijo: "'¡Dios no lo quiera, Señor! ¡Esto no te puede pasar! Pero Jesús se volvió y le dijo a Pedro: '¡Apártate de mí, Satanás, pues eres un tropiezo para mí! Tú no ves las cosas como las ve Dios, sino como las ven los hombres'" (Mt 16, 22–23).

Cuando realmente nos adentramos en el Evangelio y comenzamos a mirarlo desde la perspectiva de lo que Dios dice, notaremos que Él nos llama a una vida totalmente diferente de la que la mayor parte de nosotros estamos acostumbrados a vivir. Jesús claramente afirma: "Si alguno quiere ser discípulo mío, olvídese de sí mismo, cargue con su cruz cada día y sígame. Porque el que quiera salvar su vida, la perderá; pero el que pierda la vida por causa mía, la salvará" (Lc 9, 23–24). Esta es la sabiduría de Dios.

Cuando empezamos a tropezar alejándonos del camino de la sabiduría, deberíamos fijarnos en Proverbios 9, 10, que nos indica dónde empieza la sabiduría. Dice: "El comienzo de la sabiduría es el temor del Señor" (NVI). Vivir para agradar a

Dios. La única cosa que debe darnos temor es desagradar a nuestro Padre. Si queremos caminar en sabiduría, primero debemos pedir el temor de Dios.

Vive, no para lo que lo que el mundo piensa de ti, sino para lo que Dios piensa de ti. Cuando dejemos de ver el mundo y empecemos a mirar a Dios, entonces estaremos en el camino de la sabiduría.

Hace años yo solía llevar gente a Medjugorje. Cierto año, mientras estábamos allí, había un muchacho de otro grupo que estaba siendo entrevistado. Era un joven bien parecido y atlético. Este chico estaba empezando a vivir una vida muy santa, por lo que el entrevistador le preguntó: "¿Qué piensan tus amigos acerca de esto?" El muchacho respondió: "Pues viera usted, yo estaba pensando en eso mismo y me pregunté: '¿Prefiero quedar avergonzado delante de mis amigos o delante de Dios? y llegué a la conclusión de que prefiero quedar avergonzado delante de mis amigos'". ¡Qué tipo! ¿Y qué dirías tú?

La respuesta a esa pregunta te dirá si estás en el camino de la sabiduría o en el camino de la destrucción. Creo que para todos nosotros es una lucha; es por eso que tenemos que entregarnos cada día al Espíritu Santo de Dios.

La sabiduría no es lo que uno sabe, sino cómo vive.

Por lo tanto, ¡ten valor y sé un hombre que es sabio!

Tres tareas que debes cumplir:

1. Sé un hombre que es sabio. Mira la vida con los ojos de Dios y no con los ojos del mundo. Lee el capítulo 2 de Filipenses. Lucha por vivir tu vida de esa manera.

2. Sé un hombre de obediencia. Comienza el día preguntándole a Dios lo que Él quiere de ti, y luego obedécele y hazlo.

3. Sé un hombre que procura agradar a Dios. Demasiadas personas se preocupan por lo que los demás piensan de ellos; no seas una de esas personas.

Preguntas y acciones para la reflexión y el diálogo:

1. ¿Qué es la sabiduría? ¿De qué manera se diferencian la sabiduría de Dios y la sabiduría del mundo?

2. ¿Cómo te está llamando Dios a crecer en sabiduría?

3. Reflexiona sobre esta afirmación: "Todo lo que no se da se pierde". ¿Estás de acuerdo o en desacuerdo? ¿Por qué?

CAPÍTULO 8

Sé un hombre que vive como fue creado

«Hagamos al ser humano a nuestra imagen, como semejanza nuestra... *Creó, pues, Dios al ser humano a imagen suya, a imagen de Dios lo creó, macho y hembra los creó.*
—Génesis 1, 26–27 BJL

Al hablar de lo que significa ser un hombre que es creado, debemos explorar nuestros orígenes. ¿Por qué fuimos creados? ¿Cómo fuimos creados? En su maravilloso escrito *Teología del cuerpo*, Juan Pablo II nos recuerda que todo es una revelación de Dios. El cuerpo desnudo, por definición, revela algo de Dios y algo de nosotros. Nuestros cuerpos fueron creados a imagen y semejanza de Dios. Para saber un poco más acerca de Dios, basta con mirar lo que Él ha creado. El esplendor de toda la creación fue el hombre. Antes de que cayéramos, Génesis 2, 25 nos dice: "Tanto el hombre como su mujer estaban desnudos, pero ninguno de los dos sentía vergüenza de estar así". La forma en que fuimos creados por Dios es gloriosa y maravillosa. También leemos en el Génesis: "Y dijo Dios: "Hagamos al ser humano a nuestra imagen, como semejanza nuestra" (1, 26 BJL). Piensa en eso: en la imagen divina según la que fuiste creado.

Jesús, en su Encarnación, va todavía un paso más allá. ¡La Encarnación fue cuando Dios y el hombre se hicieron uno en la persona de Jesucristo! San Atanasio de Alejandría escribió: "Dios se hizo hombre para que el hombre pudiera hacerse

Dios" (*Sobre la Encarnación* 54:3, PG 25:192 B). Esto se llama
la divinización del hombre. Es un concepto muy antiguo en
la teología cristiana. ¡Dios se revela a través de nuestro cuerpo!

Así, desde el principio Dios creó a los hombres y mujeres
¡y lo hizo deliberadamente! Uno de los mayores problemas de
la sociedad actual, en mi humilde opinión, es cuando la gente
trata de decir que no hay diferencia entre hombres y mujeres.
¡Vamos! Hay *grandes* diferencias entre nosotros —basta con
mirar—, y esto va mucho más allá de las diferencias físicas.
Tanto hombres como mujeres reflejan la imagen de Dios,
pero de diferentes maneras. Nuestros cuerpos físicos son muy
diferentes, pero son complementarios, lo cual es una cosa
gloriosa. El cuerpo masculino y el cuerpo femenino encajan
entre sí; se convierten en una persona completa cuando se
hacen uno. Dios nos ha creado así a propósito.

Permítanme detenerme aquí por un momento y ser muy
claro: los hombres no somos mejores que las mujeres en ninguna manera, figura o forma. Simplemente somos diferentes.
Ahora que esto queda fuera del camino, continuemos. Nosotros tenemos que usar las diferencias a fin de complementar a
las mujeres en nuestra vida. Cuanto más celebramos nuestras
diferencias, más vamos a llevar a su realización a las mujeres
que haya en nuestra vida. Usando nuestras fuerzas y haciendo
que las mujeres en nuestra vida usen las suyas, nos convertimos en una entidad completa.

Los hombres no deben ser como las mujeres, y las mujeres no deben ser como los hombres: fuimos creados para ser
diferentes. Cuando he estado reflexionando sobre la masculinidad en la Iglesia, he descubierto que el problema con la
Iglesia Católica en estos últimos cuarenta años más o menos
es que han surgido algunas nuevas teologías que han tratado
de hacer femeninos a los hombres. Es erróneo decirles a los
hombres que sean demasiado agradables, demasiado suaves, o

que hablen delicadamente... ¡por favor! No ha funcionado. Esta es una de las razones por las que a los hombres no les gusta ir a la iglesia. Los hombres no se ven retados a ser mejores hombres; ¡a menudo han sido retados a ser políticamente correctos! Creo que la Iglesia ha estado en uno de sus peores momentos desde que fue fundada sobre la sólida roca de Pedro. ¡Hay gente que quiere que la Roca sea arena! ¡Dios no lo quiera!

En estos últimos años el problema con muchos en la Iglesia es que muchos de los hombres se han vuelto más femeninos y las mujeres se han vuelto más masculinas. ¡Pues lo dije! Muchos lo han pensado, pero hay que decirlo abiertamente. ¡Los hombres tienen que ser hombres, y las mujeres tienen que ser mujeres, y no podemos confundirnos! ¡Esa es la voluntad de Dios; esa es la manera en que Él nos creó! Yo no quiero ser como una mujer. Quiero ser el hombre que Dios me creó para ser. Espero que tú también quieras ser el hombre que Dios te creó para que fueras.

Ahora, cuando digo esto, debo añadir enfáticamente que no predico sobre un hombre que es una especie de "macho". No tienes que ser un atleta para ser un hombre; no tienes que tener grandes músculos o levantar pesas, y ni siquiera tienen que gustarte los deportes. No tienes que beber cerveza o fumar puros o tener barba, ni tampoco es necesario tener características excesivamente masculinas. Lo que sí necesitas es ser el hombre que Dios te creó para que fueras, y querer todo lo que eso conlleva. Esto es lo que ahora vamos a explorar.

Antes de la Caída, la intención de Dios fue hacernos diferentes. El Génesis nos dice: "[Dios] les dio su bendición: 'Tengan muchos, muchos hijos; llenen el mundo y gobiérnenlo; dominen a los peces y a las aves, y a todos los animales que se arrastran'" (Gén 1, 28). Después, "Dios vio que todo lo que había hecho estaba muy bien" (Gén 1, 31). Nótese que solo después de la creación del hombre y la mujer dice Dios que estaba "muy bien". Tenemos que volver a aquella inocencia original en la cual fuimos creados, porque cuando Cristo nos salvó, nos transformó y nos restauró al estado anterior a la Caída. Como veremos en el próximo capítulo, esto nos hace santos y nos da el poder de ser todo lo que Dios nos ha creado para ser.

La matrícula de mi automóvil dice: "Tú eres bueno". La Iglesia Católica siempre ha enseñado que, dado que hemos sido creados a imagen y semejanza de Dios, entonces somos básicamente buenos. Armamos un gran desastre cuando pecamos, pero la sangre de Jesucristo nos ha restaurado y nos llama a ser todo lo que Él nos ha transformado para ser. Esta realidad debería darte una autoimagen sana sobre ser un hombre. Tú no debes limitarte a lo que fue tu padre, tu abuelo, tu pasado o tu linaje. Tu historia en este mundo no te define; lo que define quién eres es tu historia de salvación en Cristo, quien te creó y vive dentro de ti.

En muchos retiros de hombres soy orador junto con un gran exjugador de la NFL llamado Danny Abramowicz. A él le encanta decirles a los hombres allí presentes: "¡Sus hijos siempre amarán a su madre, pero también quieren ser exactamente iguales a su padre!". ¡Qué cierto es esto! Pero recuerda quién es tu verdadero padre: Dios Padre. ¡Por eso necesitas actuar como un hijo de Dios!

Cuando hablas con la gente, deberías ser para ellos un ejemplo del Padre del universo. Estás llamado a dar a la gente la imagen de Dios, porque fuiste creado a imagen y semejanza de Dios. ¡Qué responsabilidad!

Esta responsabilidad nos debe llevar a una gran humildad. Una vez le preguntaron a san Agustín: "¿Cuáles son las tres virtudes más importantes?" Él respondió que la primera es la humildad, la segunda es la humildad, y la tercera es la humildad. Humildad significa "de la tierra". Humildad no significa despreciarnos a nosotros mismos y decir que no servimos para nada. La humildad es saber de veras quiénes somos. No importa si ganas un millón de dólares al año, o si todo el mundo piensa que eres la persona más maravillosa; aun así eres polvo. Recuerda eso y así te mantendrás humilde ante tu Señor. ¡Un día, todos vamos a ser lo mismo! Cuando nos damos cuenta de que somos polvo, ganamos la libertad.

En el Génesis, capítulo 2, versículo 7 se nos dice: "Entonces Dios el Señor formó al hombre de la tierra misma, y sopló en su nariz y le dio vida. Así el hombre se convirtió en un ser viviente". ¡Somos hechos de polvo, y a veces necesitamos reconectarnos con aquel polvo para recordar quiénes somos sin Dios! Por eso es que a muchos hombres les gusta cazar y pasar tiempo al aire libre. Para ellos es una forma de reconectarse con algo que está en el centro de su ser, algo salvaje e indomado. Eso es parte de lo que somos, pero no es todo lo que somos. ¡Somos polvo de la tierra al que se le ha infundido el aliento de Dios! Así que hay una parte de nosotros que es muy terrenal, pero hay una parte incluso más profunda de nosotros que no puede limitarse a la tierra. Los hombres siempre nos empeñamos en ir más allá. Disfrutamos de la búsqueda.

Hay algo en cada hombre que quiere luchar contra el enemigo invencible, correr hacia donde los valientes no se atreven a ir, estar dispuesto a marchar al infierno, como se afirma en la canción "El sueño imposible". Fuimos creados para ser hombres que van más allá de los límites que el mundo nos impone. Ese deseo proviene de Dios mismo. Él siempre está llamándote a ser más, y es Él quien te da la fuerza para ello. Leemos en Isaías 40, 31: "Los que confían en el Señor tendrán siempre nuevas fuerzas y podrán volar como las águilas; podrán correr sin cansarse y caminar sin fatigarse".

Uno de los roles que tienen los hombres, y que les fue dado por Dios (ver Gén 3, 16; 1 Cor 11, 3; Ef 5, 23), es el de ser los líderes espirituales de su familia. Y aquí es donde, durante muchos años, yo les he llamado "alfeñiques espirituales". Muchos hombres han dejado que sus esposas sean las líderes espirituales de sus familias, pero esta *no es* la manera en que Dios creó la familia. Ahora bien, esto no quiere decir que tú seas el amo de tu esposa y tu familia; significa que, como Jesucristo, tú eres el líder siervo de tu familia. Hemos mencionado esto brevemente en capítulos anteriores, pero tenemos que examinar más de cerca lo que esto significa.

En primer lugar, esto significa que seas líder mediante el ejemplo. Debes ser un hombre de oración. Porque es solo como un hijo que escucha a su Padre celestial que tú puedes traer la voluntad del Padre a tu familia. No puedes ser un bueno y verdadero líder a menos que seas un verdadero y buen seguidor. Tienes que pasar tiempo de oración con Dios, todos los días y en forma comprometida, y entonces ser líder de oración en tu familia. ¡Y no, dar gracias a Dios antes de las comidas no es suficiente!

Tienes que ser el líder espiritual siendo un hombre de sacrificio. Existes para dar tu vida por los demás, como lo hizo Jesús. Si estás casado, eso significa que, en primer lugar, debes dar la vida por tu familia.

Si no estás casado, entonces estáis llamado a dar la vida por aquellos con los que trabajas, con quienes vives y compartes tu día. Estás llamado a ser ejemplo de Cristo para el mundo. Cuando la gente te ve, ¿lo que ven es a Jesucristo?

¡Algunos de ustedes están llamados a ser líderes espirituales siendo sacerdotes de Jesucristo! ¡No hay nada mejor! Si eres soltero, ¿eres lo suficientemente hombre para considerar si

Jesús te llama a ser sacerdote? Tenemos una gran necesidad de sacerdotes. Una vez le pregunté a un muchacho si quería ser sacerdote, y él dijo: "De ninguna manera, Padre; ¡yo voy a ser médico!" Yo repliqué: "¿Por qué quedarte a la mitad del camino?" Él me miró y dijo: "¿Qué?" Yo entonces le respondí: "Si te haces médico que puedes ayudar a mantener con vida a la gente, con suerte, por cien años; yo, como sacerdote, puedo mantener a la gente viva para siempre". Así que por favor, oren por eso. ¡Se necesita ser un verdadero hombre para ser sacerdote! No será una vida fácil, pero será una vida que puede cambiar el mundo para Cristo. ¡Esto es solo un pensamiento!

Si estás casado, otra forma en que puedes ser un líder espiritual es en el dormitorio. Me encanta recordarles a los hombres que lo primero que Dios nos manda después de crearnos se encuentra en Génesis 1, 28, cuando dice: "Sean fecundos y multiplíquense" (BJL). El primer mandamiento de Dios para nosotros fue tener relaciones sexuales con el fin de procrear hijos. ¿No es genial? Así que Dios nos revela por qué creó el sexo. Caballeros, el sexo no fue creado solo para que ustedes puedan tener placer y emoción con su esposa.

Sin duda, el placer es parte de ello, pero la razón por la que Dios te dio un cuerpo que es capaz de vivir la sexualidad es para que seamos fecundos y nos multipliquemos. El propósito principal del sexo es el amor mutuo y la procreación. Dios creó el sexo, y el que decide para qué es el sexo es Dios; no tú. Tú tienes que estar abierto a la vida en tu vida de amor.

En la sexualidad, el hombre es el donante, ¿correcto? Él es el dador de su esperma. ¿Alguna vez has reflexionado sobre lo que esto significa exactamente? ¿No? Pues bien, vamos a hacerlo ahora. Cuando un hombre le da su esperma a su esposa, lo que le está diciendo es: "Te doy mi vida. Dentro de mi esperma está todo lo que soy". La mujer se abre ante el hombre y se rinde ante él. Como donante, el hombre está haciendo un sacrificio de sí mismo. Estamos llamados a ser el instigador, el dador, el que lo da todo en el amor. Esta es la belleza de la forma en que Dios creó el sexo. Él hizo del acto sexual un acto de sacrificio propio.

Esta es una de las razones por las que el control artificial de la natalidad es una mentira. Si se utiliza un medio artificial, como un preservativo, se está diciendo: "Mi amor, aquí tienes; no te doy lo que tengo dentro de mí. Solo quiero placer en este momento, pero no quiero darte todo lo que soy".

El libro del Génesis nos habla del pecado del onanismo. En ese tiempo, si un hombre moría sin hijos, entonces su hermano tenía que tomar a su mujer por esposa. Una mujer se casó seis o siete veces y cada uno de sus maridos murió. El último, Onán, no quería tener hijos con la mujer de su hermano, por la razón que fuera, por lo que cuando tenía relaciones con ella, derramaba su semen en el suelo. Eso se llama el pecado de onanismo. Dios inmediatamente lo mató porque Onán no compartía lo que había dentro de él. No le entregó todo a su esposa. Del mismo modo, el control artificial de la natalidad elimina el sacrificio total de uno mismo. El acto sexual de acuerdo con la voluntad de Dios significa decir: "Está bien, voy a entregarme a ti y luego vamos a ver adónde nos lleva Dios". Esto no significa que ustedes deban tener veinte hijos, pero sí significa que cooperen con Dios y que le pregunten a Él cuántos hijos quiere que tengan.

Los hombres son seres muy sexuales, y debido a esto, necesitan reflexionar sobre su vida sexual. "¿Qué significa ser una persona sexual?" "¿Cómo quiere Dios que yo use mi sexualidad para su gloria?" "¿Cómo estoy llamado a controlarme sexualmente?" "¿Cómo puedo invitar al Creador del sexo a participar en el mismo acto que Él ha creado?" "¿Cómo soy instrumento de Dios cuando estoy teniendo relaciones sexuales con mi esposa?" Todas estas son preguntas que tendrás que explorar para crecer y ser el hombre que fuiste creado para ser.

Si quieres una relación sexual fantástica con tu esposa, ora con ella antes de tener relaciones sexuales. Ya sé que estás pensando: "Padre, ¿no cree usted que eso que matará el momento?" No, no lo matará. ¡Señores, si ustedes piensan que orar junto con su mujer antes del acto sexual va a matar el momento, entonces no saben lo que es la oración ni lo que es el acto sexual! Ustedes están invitando Dios, que es el creador del sexo, a ser parte de ese momento. Así que te animo a orar junto con tu esposa antes de tener una relación íntima. Cualquier perro puede tener relaciones sexuales, eso no es gran cosa; pero solo un hombre de verdad puede compartir su alma con su esposa, lo cual siempre implica la participación en el misterio de Dios. ¡Haz la prueba!

Haz de cada acto sexual con tu esposa un acto de pureza y de entrega. Dios no creó el sexo para ser lujurioso. Fue por ello que Adán y Eva podían estar desnudos y sin sentir vergüenza el uno del otro. Ambos estaban más preocupados por dar a su vida para el bien del otro que por obtener placer para sí mismos. Dios creó el sexo para ser un don de sí, donde uno siempre está más interesado en el otro. Como dice un viejo adagio: "¡El amor no puede esperar para dar; la lujuria no puede esperar para tomar!" ¿Lo que tienes por tu esposa es amor, o es lujuria?

Las responsabilidades de los hombres, sin embargo, van más allá del dormitorio.

Los hombres de hoy, a menudo no quieren asumir la responsabilidad por sus propias acciones. Por supuesto, esto no es nada nuevo. Adán hizo lo mismo en el Génesis cuando culpó de toda la caída de su mujer, Eva. Según Génesis 3, 12, él dijo: "La mujer que me diste por compañera me dio de ese fruto, y yo lo comí". Nótese cómo Adán hasta trata de culpar a Dios mismo cuando dice: "[la] que [tú] me diste por compañera".

Como dijimos en el capítulo 5, ¡para ser un hombre de Dios tienes que asumir responsabilidad por tus acciones! Eso significa que dejes de culpar a la sociedad, a tu pasado, a tu jefe, a tu familia o a Dios, y comiences a responsabilizarte del hecho de que si hoy estás donde estás, es a causa de las decisiones que tomaste. ¡Ya es hora, señores!

Cuando hayas hecho eso será una buena noticia, porque ahora puedes hacer algo con Dios para crear un futuro mejor. Pero empieza ahora mismo. Asume la responsabilidad por tu vida y entrégasela a Jesucristo. Él te librará de ti mismo y te ayudará a ser el hombre que estás llamado a ser, pero solo si tú te apropias de eso y dejas de culpar a todo el mundo menos a ti mismo.

Cuando le entregas todo a Cristo y le pides que te haga un hombre verdadero, entonces Él comenzará por hacer que tu vida se vuelva hacia su Padre. Fue allí donde Él aprendió a ser un hombre, amando a Su Padre. Jesús dijo "...para que el mundo sepa que yo amo al Padre y que *hago lo que él me ha mandado*" (Jn 14, 31; las cursivas son mías). Cuando decides que vas a mirar a Dios, y no al mundo, y hacer todo lo que Él manda, entonces empiezas a vivir como vivió Jesús.

Dios los ha escogido a cada uno de ustedes para que lo amen a Él sobre todas las cosas. ¿Por qué Dios amó tanto a David? Leemos en 1 Samuel 13, 14 por qué el rey David fue escogido. Dice: "Yahvé se ha buscado un hombre según su corazón" (BJL). Ser hombres es buscar los deseos que están dentro del corazón de Dios. San Pablo repite en Hechos 13,

22: "He encontrado a David, el hijo de Jesé, un hombre según mi corazón, que realizará todo lo que yo quiera" (BJL). ¿Eres un hombre según el corazón de Dios? ¿Es tu principal deseo hacer feliz a Dios?

Una vez vino a confesarse conmigo un hombre muy honesto y, antes de empezar, dijo: "Padre, tengo que confesar que no he sido un hombre. No he sido un hombre conforme al corazón de Dios". ¡Qué visión!

Tienes que entender que Dios usó a David como su instrumento, aunque David era muy débil. David no se portó siempre como un hombre. Cayó, como a menudo nosotros caemos. Lo que hizo a Dios elegir a David no fue la fortaleza de él, sino su deseo de cumplir la voluntad de Dios. Cuán glorioso sería que Dios nos dijese que somos hombres según su propio corazón.

Como dije, Jesús fue el hombre perfecto. Él también quería la voluntad de Dios, pero Él nunca cayó. A Jesús le encantaba desafiar a sus doce apóstoles para que fueran mejores. ¡A los hombres les encanta ser desafiados! Están dispuestos incluso a soportar el sufrimiento para alcanzar sus objetivos. Por ejemplo, los atletas pasan por un intenso entrenamiento para ser lo mejor que puedan. San Pablo nos dice: "¿No saben que en las carreras del estadio todos corren, mas uno solo recibe el premio? ¡Corran de manera que lo consigan! Los atletas se privan de todo; y eso ¡por una corona corruptible!; nosotros, en cambio, por una incorruptible" (1 Cor 9, 24–25).

Jesucristo te invita a correr por la corona imperecedera de la vida eterna. Por su gracia, tendrás que esforzarte mucho por ello y ser el mejor hombre que tú puedes ser. Tendrás que madurar. Una de las grandes diferencias entre un hombre y un muchacho es que un hombre sabe que a veces tiene que aceptar el sufrimiento por causa de un bien mayor. Es un signo de madurez ser capaz de negar el momento con el conocimiento de que algo bueno saldrá de ello. Por desgracia, algunos hombres nunca maduran.

San Pablo vuelve a llamar al joven Timoteo a convertirse en hombre cuando le dice en 1 Timoteo 4, 7–8: "Ejercítate en la piedad; pues aunque el ejercicio físico sirve para algo, la piedad es útil para todo, porque tiene promesas de vida para el presente y para el futuro". La formación en la devoción beneficiará tu vida ahora y eternamente. Esto significa que necesitas aprender a disciplinarte para ser un hombre de oración y de integridad.

Hace poco hablaba en un encuentro de sacerdotes y les dije: "Padres, Dios les llama a ser hombres, y eso significa que ustedes van a comenzar a darle a Dios una hora por día, todos los días, pasando tiempo con Jesús en el Santísimo Sacramento". Muchos de ellos me miraron como si estuviera loco. Yo los reté a dedicar una hora; ¿qué te está desafiando Dios a que hagas para que te entrenes en una vida piadosa? Tenemos que dejar de poner excusas para nuestra vida espiritual y preguntarle a Dios lo que Él quiere de nosotros, y luego, por su gracia, hacerlo.

Poco después del encuentro de sacerdotes, uno de mis alumnos me preguntó si podíamos almorzar. Ese chico no es católico, pero siempre ha sido como un hijo para mí. Cuando él entró en mi auto, la primera cosa que dijo fue:

—Padre, usted se va a poner furioso.

—¿Furioso yo, hijo? —Y entonces añadí—: ¿Embarazaste a tu novia? —Siempre pregunto primero si hay alguna embarazada, pero nunca me enojo por eso, porque hay una vida en juego y hay que cuidarla.

—No, no, no —dijo él—, pero aún así usted se va a poner furioso.

—Y entonces, ¿por qué me voy a enojar?

—Mi novia se vino a vivir conmigo —dijo, y luego se agachó, por si acaso yo le daba un puñetazo.

—¡Estoy furioso! —grité, pero me contuve lo suficiente como para no dejarle un ojo morado. En cambio, durante la siguiente hora y media lo desafié a que fuera el hombre de Dios que está llamado a ser. Le dije:

—Hijo, ¿por qué dices que la amas tanto, y luego pones su alma en peligro de condenación teniendo relaciones sexuales con ella?

—Oh, bueno, ah... —balbuceó él.

—"El salario del pecado es la muerte" (Romanos 6, 23BJL) —le dije—. Ahora escúchame; tú eres el hombre. Tú eres es el líder espiritual en la relación de ustedes —eso es parte de la realidad. La Palabra de Dios dice que somos llamados a ser el líder espiritual de nuestro hogar. Lamentablemente, la mayoría de los hombres titubean en este punto. Continué—: Hijo, ¿cómo vas a ser la cabeza espiritual de tu hogar cuando Dios los bendiga con hijos, cuando tengas que decirles a tus hijos que por tres años viviste con su madre y no estabas preocupado por el alma de ella? ¡Estabas más interesado en tener placer sexual! La Biblia dice que los que fornican no heredarán el Reino de Dios (1 Corintios 6, 9). ¡Yo no estoy inventando eso! —Finalmente, le dije—: Hijo, tienes que ser un hombre. Dejar de poner excusas.

Después de aproximadamente una hora y quince minutos, él respondió:

—Creo que tengo que ser un hombre.

—¡Sí, tienes que ser un hombre!

Antes de irse, me dijo:

—Padre, por favor, siga retándome. Por favor. Siga desafiándome a que yo sea el hombre que Dios me llama a ser.

¡Qué bueno que, a pesar de que este chico era un muchacho pecador y que sabía que se estaba arriesgando a la muerte al hablar conmigo, seguía siendo lo suficientemente hombre, porque en el fondo de su corazón sabía que lo que estaba haciendo estaba mal! Antes de que se fuera, por curiosidad, le pregunté:

—¿Qué dicen tus padres acerca de que vivas con tu novia?

—Ellos no están contentos, pero tampoco tienen ningún problema con ello —contestó.

Yo lloré por dentro. Entonces le dije por qué lo estaba desafiando:

—Hijo, te amo lo suficiente como para decirte la verdad.

Tenemos que decir la verdad en el amor. ¿Amas a la gente lo suficiente como para decirles la verdad, incluso si no es popular? Desafía a aquellos a quienes amas.

Incluso mientras yo desafiaba y reprendía a ese joven con quien almorcé, nunca dejé de quererlo ni por un segundo. Nunca lo juzgué tampoco. Yo juzgué lo que él estaba haciendo, y lo quería bastante como para decirle que dejara de hacerlo.

¿Vives una vida de integridad? ¡Ser un hombre de integridad significa que eres quien eres, no importa donde estés! Esto significa que actúas de la misma manera en la iglesia y en el trabajo y con tu familia y cuando estás solo. ¡El mundo necesita hombres de integridad! Un hombre de integridad es irreprochable. Eso es carácter. El verdadero carácter es lo que eres cuando nadie está mirando.

Por último, los hombres necesitan a los hombres. Cuando enseñaba en la Cathedral Prep High School, tenía un grupo semanal de oración para los chicos de la escuela. Nuestro grupo se llamaba Fratres Tui ("*Fortalece a tus hermanos*"). El nombre fue tomado de Lucas 22, 32, cuando Jesús miró a Pedro y le dijo: "*Pero* yo he orado por ti, para que no falle tu fe. Y tú, cuando te hayas vuelto a mí, fortalece a tus hermanos". Jesús envió a los discípulos de dos en dos a propósito.

Los hombres necesitan otros hombres que los desafíen a ser lo mejor que puedan ser.

Los hombres, por naturaleza, son muy competitivos. Así que cuando un hombre puede desafiar a su hermano en amor a ser el hombre que Dios quiere que sea, entonces puede crecer. San Pablo era ese tipo de mentor para los jóvenes Timoteo y Tito. Jesús tenía a sus discípulos en torno a Él. Cuando Él sufrió en el huerto de Getsemaní, ¡necesitaba que sus amigos le apoyaran y estuvieran con Él! Si Jesús, que es Dios, necesita de hombres alrededor de Él, entonces, ¿quién eres tú para pensar que tú no? Como he dicho en el capítulo 5, necesitas al menos un hombre con quien puedas hablar, ser honesto y mirarle directamente a los ojos. Tú necesitas un amigo que te quiera tal como eres, pero que te estime y te quiera tanto que nunca te va a dejar ahí donde estás.

¿Tienes un amigo así? Si no es así, entonces pídele a Dios un amigo que sea un verdadero hombre de Dios y que camine contigo en tu viaje para ser un hombre. Encuentra un grupo de hombres con quienes puedas compartir y orar, y que estén contigo en los momentos difíciles. Jesús, en su humanidad, necesitaba hombres en su vida, y tú también. Es con ellos que Dios te formará, te desafiará y te amará.

Por lo tanto, ¡ten valor y sé el hombre que Dios te creó para ser!

Tres tareas que debes cumplir:

1. Sé un hombre que es un líder espiritual. Toma la autoridad espiritual en tu familia y lidera con el ejemplo. Ten un tiempo de oración todos los días con tu familia.

2. Sé un hombre que necesita de otros hombres. Encuentra hombres que te desafíen a crecer en el Señor y te hagan ser un mejor hombre.

3. Sé un hombre que invita a Dios a su sexualidad. Si estás casado, ora con tu cónyuge, especialmente antes de la intimidad sexual.

Preguntas y acciones para la reflexión y el diálogo:

1. Cuando la gente te ve a ti, ¿lo que ven es a Jesucristo? ¿Por qué sí o por qué no?
2. ¿Hay hombres que son amigos en tu vida que puede desafiarte espiritualmente para ser un mejor hombre? ¿Por qué sí o por qué no?
3. ¿Qué te impide todavía ser el hombre que Dios te creó para ser? Explícalo.

CAPÍTULO 9

Sé un hombre que es santo

Procuren estar en paz con todos y llevar una vida santa; pues sin la santidad, nadie podrá ver al Señor.

—Hebreos 12, 14

De todos los capítulos que he escrito, este es mi favorito. En cierto sentido es el más desafiante. Este capítulo no es solo para hombres, sino para todos. ¡La santidad no es una opción!

Como ya hemos dicho, san Pablo nos enseña que los hombres están llamados a ser los líderes espirituales de sus hogares. Esto significa, más que nada, que tú estás llamado s ser santo. Tú eres el modelo de santidad para tu esposa y tus hijos.

Como mencioné anteriormente, a mi buen amigo Danny Abramowicz le encanta decir en los encuentros de varones: "Hombres, sus niños siempre amarán a su madre, pero ellos quieren ser como tú". Si nosotros mismos no somos santos, entonces nuestras familias no serán santas. Es así de simple. Dios va a hablar a hombres, mujeres y niños, pero Él habla sobre todo a los hombres para ayudarlos a ser su imagen misma.

Tú eres el sacramento de la paternidad para tus hijos, así como san José fue el sacramento de la paternidad para Jesús. Así como Dios usó a san José para formar a Jesucristo en su humanidad, también Él quiere usarte a ti para formar a tus hijos. Y si no estás casado, o si no tienes hijos, Dios todavía quiere que, como san José lo fue, seas un ejemplo de santidad para todos los que te encuentres. Entonces yo te animaría a que, antes de que sigas leyendo, te detengas y pidas la intercesión de san José por ti para que puedas crecer en santidad.

Ahora, si yo te pidiera que anotaras las primeras diez metas que tienes en la vida, me pregunto si "ser santo" sería una de esas metas. Pero la realidad es que ¡este debe ser el objetivo número uno en tu vida!

Hebreos 12, 14 hace esto muy claro: "Procuren estar en paz con todos y llevar una vida santa; pues sin la santidad, nadie podrá ver al Señor". El objetivo número uno en tu vida debe ser santo. Ahora bien, no puede ser un objetivo en sí mismo, ¿verdad? Si nos esforzamos por alcanzar la santidad solo por la santidad en sí misma, entonces eso puede llenarnos de orgullo: "Miren qué santo soy".

La verdadera santidad es un subproducto de amor. Cuando estés locamente enamorado de Dios y locamente enamorado de su pueblo, entonces serás santo. Es solo un subproducto. No es un fin en sí mismo.

Pedro nos dice quién es Dios y qué nos pide Dios: "La Escritura dice: 'Sean ustedes santos, porque yo soy santo'" (1 Pe 1, 16). Dios exige que tú y yo seamos hombres santos.

Si miramos la definición de santidad en la Palabra de Dios aprenderemos que las Escrituras dicen que la santidad significa ser "apartado". Somos creados a imagen de Dios; somos buenos.

Pero ser bueno no es suficiente. En ninguna parte de la Palabra de Dios dice que "las personas buenas" irán al cielo. Esto dice, señores: "las personas santas" irán al cielo. Si yo te preguntara si eres bueno, estoy seguro que dirías: "Claro, Padre. Soy una persona buena". Bien, me alegro por ti. Pero la verdadera pregunta tiene que ser: "¿Eres una persona santa?"

Si dices: "Oh no, Padre, no soy santo", yo te diría que te acerques y te daría un buen golpe. Por supuesto que tú eres santo. ¿Por qué? Porque Dios te ha apartado para sí. La santidad no es algo que hacemos nosotros; es quienes somos en Dios. ¿Entendiste eso?

Otra vez, la santidad es quienes somos en Dios. Por ejemplo, ¿quién o qué hace que algo sea santo? Dios lo hace. Fijémonos en el ejemplo de Moisés. Un día él andaba por el desierto como siempre lo hacía.

"Cuando el Señor vio que Moisés se acercaba a mirar, lo llamó desde la zarza: '¡Moisés! ¡Moisés!' 'Aquí estoy', contestó Moisés. Entonces Dios le dijo: 'No te acerques. Y descálzate, porque el lugar donde estás es sagrado'" (Éx 3, 4–5). Diez minutos antes, esto era solo tierra común y corriente. No era tierra sagrada. ¿Cómo llegó a serlo? Dios estaba presente. Dios lo apartó para Él. Cuando la tierra estuvo en la presencia de Dios, Dios la hizo santa. Lo mismo ocurre con nosotros, señores.

Desde toda la eternidad Dios nos ha escogido para ser santos. Efesios 1, 4–6 dice: "Dios nos escogió en Cristo desde antes de la creación del mundo, para que fuéramos santos y sin defecto en su presencia. Por su amor, ⁵nos había destinado a ser adoptados como hijos suyos por medio de Jesucristo, hacia el cual nos ordenó, según la determinación bondadosa de su voluntad. Esto lo hizo para que alabemos siempre a Dios por su gloriosa bondad". Antes de que tú y yo fuéramos creados, Él te eligió para ser santo y sin mancha en su presencia.

Lo que somos en Cristo es lo que somos. Señores, si yo les preguntara: "¿Ustedes son santos?", ¿qué responderían? La respuesta correcta es: "Sí, soy santo, Padre, no debido a mí, sino debido a Cristo, que vive dentro de mí. El día que yo fui elegido y bautizado, Dios me puso aparte como propiedad suya. Ahora soy santo en Dios".

Tenemos que crecer en la santidad, primero naciendo de nuevo por el bautismo. Juan 3, 5 dice: "Te aseguro que el que no nace de agua y del Espíritu, no puede entrar en el reino de Dios". Nacer otra vez es exactamente como cuando saliste del vientre de tu madre. Tú no te levantaste y comenzaste a caminar tan pronto como naciste; creciste en la realidad física.

Lo mismo vale para la santidad: cuando vienes a Cristo y eres redimido por Él, tienes que crecer en santidad. Tienes que llegar a ser lo que Dios te está llamando a ser. Eres santo, pero necesitas crecer en santidad. ¿Quieres saber cómo crecer en la santidad? En este sentido, la Iglesia Católica tiene mucha ayuda que ofrecerte.

En primer lugar, tienes a todos los ángeles y santos que oran por ti. ¡No estás solo! Leemos en Hebreos 12, 1 (BJL) que estamos rodeados por esta "nube de testigos"; ¡ellos son parte de la Iglesia Triunfante que ora por ti para que te unas a ellos!

El más grande de estos testigos es nuestra Madre Santísima. ¡No hay santidad sin María! Algunos hombres piensan que no necesitan a María; dicen que van "directo a Jesús" ¡Al hacer eso, se hacen mayores que Jesús mismo! Jesús, por su propia voluntad divina, necesitó de María en su humanidad. Cuando era un niño pequeño, necesitó de María para que lo cambiara, para que le diera de comer y lo formara. ¿Cómo podemos decir nosotros que no necesitamos de ella?

Así como María enseñó a Jesús mientras Él estaba en su humanidad, así puede enseñarte a ti. ¡Comienza a rezar el Rosario todos los días! Ahora bien, cuando reces el Rosario, no dejes que sea otra oración más la que haces. Haz que sea un misterio que vives.

Cuando rezas el Rosario, es como si María te estuviera llevando de la mano y diciéndote: "Ven conmigo, y ve todo lo que Jesús hizo por ti". Entonces, tú caminas con ella y ella te permite ver a través de sus ojos benditos lo que ella vio, y te invita a experimentar lo que ella ha experimentado.

Por ejemplo, cuando meditas el tercer misterio gozoso, en realidad puedes estar espiritualmente presente en el momento en que Jesucristo nació. Puedes ver cómo José y María se turnan para cargar a su Divino Hijo. Y mientras meditas en este gran suceso, María te observa y te pregunta: "¿Quieres cargarlo?" Luego tomas a Jesús, el Dios del universo, y lo tienes en tus brazos. ¡Esa es la forma de orar con el Rosario!

María siempre te conduce a Jesús; recuerda que sus últimas palabras consignadas en la Escritura fueron: "Hagan todo lo que él les diga" (Jn 2, 5). ¡Gran consejo, si quieres crecer en la santidad!

Otro camino para crecer como el hombre santo que Dios te ha llamado a ser es la Misa diaria. Yo sé que algunos de ustedes solo gruñeron y dijeron: "¡Diaria!" Sí, diaria. El Padrenuestro dice: "Danos hoy nuestro pan de cada día", no "nuestro pan de la semana". Ahora, sé que para algunos de ustedes esto será imposible, pero para muchos de ustedes solamente requerirá levantarse más temprano. ¡Vamos, sé un hombre!

Claro que, si no puedes ir a la Misa diaria, entonces decide detenerte y hacer todos los días una visita a Jesús en el Santísimo Sacramento. Aunque sea cuando vas de camino al trabajo o de regreso a tu casa, puedes parar en alguna iglesia; puedes ir rápidamente y arrodillarte y decir: "Jesús, te amo; por favor quédate conmigo hoy en el trabajo" o: "Jesús, por favor, ven a casa conmigo". Esto podría tomarte apenas dos minutos, pero podría tener consecuencias eternas. Estás mostrándole a Jesús que quieres estar con Él todos los días.

Mi abuela tenía un pequeño poema que guardaba en la cómoda de su cuarto, que decía: "Cada vez que paso por una iglesia me detengo y hago una visita, para que cuando entre allí rodando (es decir, en un ataúd) Él no diga: '¿Y quién es esa?'"

Creo que la mejor manera para que un hombre crezca en santidad es pasar tiempo frente al Santísimo Sacramento. Cuando doy retiros para sacerdotes, siempre los reto a pasar una hora santa todos los días con Jesús en su Presencia eucarística. Yo he pasado una hora diaria con Jesús prácticamente todos los días desde que tenía diecisiete años, y puedo proclamar de primera mano que uno recibe grandes gracias estando en su Presencia.

Es como tenderse bajo el sol. Con solo estar allí acostado, te vas transformando; podrías no notarlo pero otros lo harán. Mientras más desnudo estés, más área de tu cuerpo cambiará. ¡Lo mismo ocurre cuando vienes delante del Hijo de Dios! ¡Con solo estar en su Presencia serás transformado, y cuanto más te dispongas frente a Él, mas crecerás en santidad! ¡No lo notarás, pero otros seguramente sí lo notarán!

Busca una capilla de adoración en tu ciudad; si no hay una, entonces reúne a algunas personas y humildemente pídele a tu párroco que te permita comenzar una capilla de adoración. Comprométete a pasar en su Presencia por lo menos una hora por semana, y si puedes hacerlo, hazlo en medio de la noche y ¡observa lo que Dios hará!

Una última cosa que te ayudará a crecer en la santidad es que recibas con frecuencia el sacramento de la penitencia; una vez al mes es una buena regla básica. Como hemos hablado en el capítulo 3, a través de este sacramento recibirás la gracia para dejar atrás el pecado, y para avanzar en la santidad.

¡Si haces estas cosas, Dios te hará uno de sus santos!

Cuando predico, a menudo echo una mirada y me pregunto cuántas personas han comenzado a escuchar lo que digo. Cuántas personas dicen: "Está bien, mi deseo es convertirme en un hombre santo o una mujer santa de Dios;

llegar a ser santo". Como escribe el novelista francés Léon Bloy en su novela *La mujer pobre:* "Solo hay una tragedia: no ser santo".

Cuando yo llevaba cada año a los muchachos de la escuela preparatoria a la Marcha por la Vida, siempre asistíamos a la misa en la Basílica de la Inmaculada Concepción. Cuando uno camina por fuera de la basílica, en la pared trasera hay un hermoso y grande mural de cemento titulado "El llamado universal a la santidad". Cuando observábamos el mural yo les decía: "Jóvenes, ¿ven ese mural? Ese es su llamado. ¡Espero y rezo que su deseo, su meta en la vida, sea ser santos! Espero que algún día haya que construir otra capilla que tenga dentro la estatua de cada uno de ustedes".

Este es lo que deseo también para ti. Que un día tengas el título "san" delante de tu nombre. Esto es lo que Dios quiere para ti; ¿es esto lo que tú quieres? Para esto no tienes que ser perfecto, solo fiel.

Sería una cosa terrible que yo tomara en mis manos un cáliz que está consagrado a Dios para contener la sangre de Jesucristo y lo llenara con cerveza. Sería una profanación. El cáliz había sido apartado para Dios, y yo lo elegí para algo diferente.

Del mismo modo, señores, podemos vivir vidas de profanación. Dios nos elige para ser santos, pero aún así entregamos nuestros cuerpos y nuestras mentes a todo lo que no es Dios. ¡Tú y yo fuimos creados para Dios!

La Iglesia es, por definición, santa. Una vez más, a lo largo de los siglos, y especialmente en los últimos diez o veinte años, hay gente que solo habla de los problemas que tiene la Iglesia Católica. ¿La Iglesia Católica es una Iglesia pecadora? ¡Sí! Sus miembros pueden ser terriblemente pecadores, pero sucede lo mismo con cualquier otra denominación, ¡pero eso no le resta santidad!

El 13 de marzo del año 2000, el Papa Juan Pablo II se arrepintió públicamente por los pecados cometidos en la historia de la Iglesia. La Iglesia admitió que sus miembros habían cometido cosas pecaminosas. ¡Sí, ella era pecadora, pero aún así era santa! ¡Lo mismo pasa con nosotros! Somos pecadores, claro que sí, pero aún así santos y llamados a crecer en santidad. Todos estamos creciendo hacia la madurez de Cristo.

Lo que tenemos que hacer cada día es dejar de poner obstáculos y dejar que Cristo viva dentro de nosotros más y más. En las Bienaventuranzas, Jesucristo nos dice quién es bienaventurado o dichoso. Mateo 5, 6 dice: "Dichosos los que tienen hambre y sed de la justicia, porque serán satisfechos". Si no tienes esa hambre para ser santo, pídesela a Jesús.

Una de las historias que me gusta contar cuando hago misiones parroquiales es de cuando fui expulsado del seminario. La primera noche, a mitad de una de mis charlas, digo: "¿Saben?, a mí me echaron del seminario". Todos los oídos y los ojos se ponen alertas. Si alguien estaba dormido, en un segundo reaccionaría: "¿Eh?" Por supuesto que todos piensan que fue por alguna razón escandalosa. Se preguntan qué hice y están interesados en saber el porqué. Entonces digo: "Si quieren saber por qué fui echado del seminario, tienen que volver en la última noche de la misión y les diré". Y todos exclaman: "¡Buuu, buuu!"

Normalmente, cuando vuelven en la última noche esa es la gran pregunta que traen. A veces olvido decírselo y entonces, después de que doy la bendición final, todos gritan al unísono:

—¿Por qué lo echaron del seminario? —¡La gente siempre quiere saber chismes!

—Oh, vamos —les digo—. Ya me han escuchado durante cuatro noches, ocho horas de sus vidas, ¿y no tienen idea de por qué me echaron del seminario? Me expulsaron del seminario por mi forma de predicar.

Mi instructor de predicación también era mi director de formación. Era un franciscano de pequeña estatura. La primera vez que uno predica puede resultar muy intimidante, especialmente si es frente a alguien que le está calificando. Ese franciscano se ponía más y más rojo cada vez que yo abría la boca. (Hay quienes dicen que tengo ese efecto en alguna gente.) Cuando terminé, él estaba furioso. "¿Cuán enojado podrá estar?" —pensé. ¡Era mi primera predicación!

Mi homilía de ese día se llamaba "Todos estamos llamados a ser santos". Era la primera homilía que daba en mi vida. Tan pronto como terminé, él aporreó la mesa y dijo:

—Larry, en primer lugar, yo no quiero ser santo. En segundo lugar, ¿quién eres tú para decirle a la gente que están llamados a ser santos?

—Ahhh... —dije. Yo era solo un humilde seminarista—. Bien, ¿no cree usted que es trabajo de un sacerdote llamar a la gente a la santidad en Cristo?

—No, ese no es el trabajo de un sacerdote. Tu trabajo es decirle a la gente que Dios los ama y que todo va a estar bien —dijo él.

Tal vez ustedes podrán suponer que nunca me tragué por completo ese tipo de teología. No creo que eso sea lo que Dios quiere, al menos no según su Palabra. Como dije anteriormente, Dios dice en la Carta a los Hebreos: "Procuren... llevar una vida santa; pues sin la santidad, nadie podrá ver al Señor" (12, 14). Toda persona está llamada a la santidad. No es una opción.

Pero ¡cuidado!: el obstáculo principal a la santidad es el orgullo, y es una cosa muy sutil. Los fariseos hacían cosas muy santas, pero no eran santos. ¿Por qué? Porque no tenían amor. Estaban centrados en ellos mismos. Buscaban la santidad para sí mismos en vez de buscarla para estar más enamorados de Dios.

Mi definición de santidad es muy simple: "Cuando la voluntad de Dios y la nuestra se hacen una". Eso significa que vivo plenamente la voluntad de Dios en mi vida.

La única forma de que nuestra voluntad y la voluntad de Dios puedan hacerse una es cuando nos enamoramos locamente de Dios. Quiero que reflexiones sobre esto personalmente. ¿Estás locamente enamorado de Dios? ¿Puede la gente decir eso de ti? ¿Es eso lo que alguien podría decir continuamente sobre ti, más que ninguna otra cosa?

Ahora, sé que esto no te sorprendería, pero, ¿sabes?, ¡hay sacerdotes a los que no les caigo bien! Hace un par de años un feligrés mío estaba en una fiesta y encontró allí a uno de mis hermanos sacerdotes. El sacerdote le preguntó:

—¿A qué parroquia perteneces?

—Voy a la Iglesia San José/Comunidad Pan de Vida.

—Ah… el Padre Larry —dijo el sacerdote. Y continuó—: Usted sabe, hay sacerdotes a quienes no les gusta el Padre Larry.

—Sí, lo sabemos. Hay mucha gente a la que no le gusta el Padre Larry —dijo mi feligrés en tono de broma. El sacerdote continuó:

—Pero usted sabe, incluso los sacerdotes a quienes no les agrada el Padre Larry, y todos los que lo conocen, pueden decir una cosa acerca de él.

—¿Qué cosa, Padre?

—Que el Padre Larry ama a Jesucristo.

Después de escuchar esa historia, pensé: "Bueno, si eso es lo que dicen mis enemigos de mí, entonces estoy bien. Esa es una buena cosa". Sí, el Padre Larry es imperfecto. El Padre Larry puede enojarse mucho. El Padre Larry habla más de lo que debe. Hay muchas cosas incorrectas en mí. Mis faltas llenarían un libro completo. Pero, el Padre Larry ama a Jesús. Desearía que fuera verdad que amo a Cristo más de lo que lo amo. Es fácil predicarlo, pero muy difícil vivirlo.

¿Deseas tú amar a Jesús sobre todas las cosas? San Alfonso María de Ligorio dijo que si uno abraza todas las cosas en la vida como venidas de las manos de Dios y las acepta de buena gana, uno morirá como un santo. Lo mismo sucede con nosotros.

Debes tener presente que el ser santo es algo que a veces te causará sufrimiento. Te va a llevar hacia la cruz. Va a ser doloroso. Cuanto más dejes que Cristo viva en ti, más vas a morir a ti mismo. Es por ello que no hay santidad, no hay cristianismo, no hay amor a Jesús, a menos que haya amor por la cruz en nuestras vidas. Tenemos que amar la cruz. Tenemos que abrazar la cruz. Tenemos que desear la cruz. Jesús dijo: "Si alguno quiere ser discípulo mío, olvídese de sí mismo, cargue con su cruz y sígame" (Mateo 16, 24).

Tú y yo cada día deberíamos decirle con gusto a Dios: "Quiero que tu voluntad se haga hoy en mi vida". Entonces, no importa lo que nos suceda durante el día, cada noche deberíamos decir: "Gracias, Padre, por permitir que tu voluntad se hiciera hoy".

Si hacemos esto, entonces todo lo que pase en nuestras vidas vendrá de la mano de Dios; todo, excepto nuestro pecado. Nuestro pecado es cuando decidimos seguir nuestra propia voluntad, en vez de la de Él. Una vez que confías en que Dios te ama, entonces cualquier cosa que pase durante tu día está bien porque viene de la mano de tu Padre.

Hay un gran hombre de Dios llamado a Chuck Colson, que cuenta una historia sobre la Madre Teresa. La Madre no solo tenía su orden de religiosas, sino que también tenía una orden de sacerdotes y religiosos. Uno de los hermanos vino a quejarse con ella. Estaba enojado con su superior, porque el superior le pidió hacer algo diferente de lo que él quería hacer, y quedó muy frustrado. Fue corriendo a la Madre Teresa y le dijo: "Madre, mi vocación es trabajar con los leprosos. Dios me creó para trabajar con los leprosos". La Madre Teresa respondió: "Tu vocación, Hermano, es pertenecer a Jesús. Esa es tu vocación. Eso significa que harás cualquier cosa que Él te diga. Si perteneces a Jesús, estarás dispuesto a ser un tonto para Él".

A menudo me quejo con mi director espiritual de lo ocupado que estoy. Él me deja seguir hablando, y luego, mientras aguanto la respiración, dice:

—Larry, Dios quiere más tu corazón que lo que tú haces. Larry, ¿tiene Dios tu corazón?

¡Detesto eso! Pero es la verdad.

Como he dicho, ya somos santos en Cristo; ahora tenemos que abrirnos a esta realidad. Si yo te dijera: "Tengo todo del Lago Erie y quiero dártelo, pero solo puedo darte tanto como puedas abrirte a recibir", y luego vienes a mí con un dedal, entonces solo puedo darte lo que cabe en un dedal. Y si vienes con una taza, puedo darte una taza. Si vienes a mí con un cubo, puedo darte el contenido de un cubo. Pero, vienes con un lago, es todo tuyo. Lo mismo pasa con la santidad en nuestras vidas. Somos santos y hemos sido apartados para Dios. Cristo vive dentro de nosotros. El punto de nuestras vidas, entonces, es crecer en esa santidad, abriéndonos más para recibir ese don de Dios. Orar. Cuanto más oramos, más nos abrimos a la gloria de Dios. Cuanto menos oremos, menos creceremos en santidad.

La santidad viene de Jesús, no de nosotros, ¿verdad? Es como un hombre que es mordido por una serpiente y va a morir. Mientras tanto, observa a otro hombre que antes fue mordido tres veces por una serpiente y tiene bastantes anticuerpos para sobrevivir. Para que el primero sobreviva también, los médicos tienen que sacarle sangre al hombre con anticuerpos y ponérsela al hombre que acaba de ser mordido. La sangre de un hombre cura a otro hombre.

Lo mismo sucede con Cristo. Estábamos en pecado, y entonces Jesucristo tomó su sangre y nos dio una transfusión. Es su sangre la que nos hace santos. En 2 Corintios 5, 21 dice: "Cristo no cometió pecado alguno; pero por causa nuestra, Dios lo hizo pecado, para hacernos a nosotros justicia de Dios en Cristo". Cuando Jesús se hizo pecado en la cruz, Él fue mordido por la serpiente y desarrolló el anticuerpo de la vida eterna. Cuando venimos a Cristo, Él nos da una transfusión de sangre. Es su sangre dentro de nosotros la que nos da el poder. Ahora, podemos acercarnos con confianza al Padre para ser liberados de nuestro pecado.

Si vas a tratar con la santidad en tu vida, primero tienes que comenzar a tratar con tu pecado: no el pecado por el cual eres derrotado, sino el pecado sobre el cual tú tienes el poder. En Hebreos dice: "Acerquémonos, por tanto, confiadamente al trono de gracia, a fin de alcanzar misericordia y hallar la gracia de un auxilio oportuno" (4, 16 BJL). En vez de fijarte en tus debilidades, fíjate en la fuerza que viene de Cristo. En 1 Pedro 1, 15 leemos: "Vivan de una manera completamente santa, porque Dios, que los llamó, es santo; pues la Escritura dice: 'Sean ustedes santos, porque yo soy santo'".

Ahora, sé que vas a odiarme, pero quiero que vayas a Santiago 3, 2, donde Santiago es muy desafiante con su carta. Dice así: "Si alguien no comete ningún error en lo que dice, es un hombre perfecto, capaz también de controlar todo su cuerpo". Santiago nos dice como ser un hombre en el sentido más pleno vigilando nuestra lengua. Tú puedes controlar tu cuerpo entero con tu lengua.

Piensa en algunas de las cosas que decimos. Por eso Jesús dijo: "Yo les digo que en el día del juicio todos tendrán que dar cuenta de cualquier palabra inútil que hayan pronunciado" (Mt 12, 36). Piensa en lo que a veces le dices a tu esposa cuando estás molesto. Piensa en lo que les dices a tus hijos cuando estás enojado. Imagina qué pasaría si alguien te grabara teniendo una rabieta con tu cónyuge y luego la grabación se hiciera pública. Me vuelve loco cuando la gente dice: "¿Puede usted creer lo que aquella persona dijo?" Sí, puedo creerlo, porque sé lo que he dicho yo algunas veces.

San Pablo nos dice de qué no debemos hablar: "La fornicación, y toda impureza o codicia, ni se mencione entre ustedes, como conviene a los santos. Lo mismo que la grosería, las necedades o las vulgaridades, cosas que no están bien; sino más bien, acciones de gracias" (Ef 5, 3–4 BJL).

Sí, tu santidad prohíbe los chistes vulgares. Tienes que pensar también en tu lengua. ¿Dices chistes vulgares? ¿Usas lenguaje indecente? ¿Haces insinuaciones sexuales? ¿Son las palabras que dices palabras de las que Dios estaría orgulloso? ¿Reflejan tus palabras tu santidad?

Necesitamos ayuda para dejar de pecar. Si tu pecado es con la lengua, la lujuria, la cólera o cualquier otro pecado, la Carta a los Hebreos nos dice que todavía podemos acercarnos con confianza al trono de Dios porque Él nos ha dado ahora el poder en Cristo para ir más allá de estas cosas. Los Hechos de los Apóstoles nos recuerdan que no somos nosotros los que nos hacemos santos. Los Hechos describen la reacción de Pedro al ser acosado por la turba después de que él y Juan curaron a un lisiado. Pedro dijo: "¿Por qué se asombran ustedes, israelitas? ¿Por qué nos miran como si nosotros mismos hubiéramos sanado a este hombre y lo hubiéramos hecho andar por medio de algún poder nuestro o por nuestra piedad? El Dios de Abraham, de Isaac y de Jacob, el Dios de nuestros antepasados, ha dado el más alto honor a su siervo Jesús, a quien ustedes entregaron... Lo que ha hecho cobrar fuerzas a este hombre que ustedes ven y conocen, es la fe en el nombre de Jesús" (Hch 3, 12-13.16). Cuando crecemos en santidad, nos damos cuenta de que ningún poder para la santidad viene de nosotros. Todo viene de Dios.

San Juan María Vianney fue otro hombre que pertenecía a Cristo, un gran hombre santo. Era simplemente un párroco normal que estaba a cargo de una parroquia muy pequeña en Ars, un lugar poco remoto de Francia. Nadie iba a allí. Fue asignado a Ars porque pensaban que no era muy brillante. Se graduó como uno de los últimos de su clase en el seminario. Nunca pensaron que pudiera hacer gran cosa.

Cuando llegó a Ars, dijo: "Señor, haz santa a mi gente. Esto es lo único que te pido. Y si ellos no son santos, yo sé que será culpa mía. Pero hazlos santos". Él pasaba noches enteras orando. Ese hombre humilde daba las homilías más encendidas que jamás quisieras escuchar en tu vida. Por la gracia de Dios este cura de Ars atraía a reyes y reinas de Francia para oírle. Su feligresía creció tanto que él tenía que pasar el día entero oyendo confesiones.

Si alguna vez quieres leer una vida heroica, lee la vida de san Juan María Vianney. El diablo prendía su cama en llamas. El fuego subía y los otros sacerdotes entraban corriendo a su cuarto para ayudarle. Era exactamente como de película. Su cama saltaba de arriba a abajo. Después, san Juan María Vianney salía de la cama y miraba a los otros sacerdotes que estaban terriblemente asustados, y decía: "Ah, eso es solo el *Grappin* ['gancho']". Así era como apodaba al diablo. No le asustaba en absoluto. Él luchaba contra el demonio todos los días.

Este gran santo nos ha mostrado el camino a la santidad. Si olvidas todo que he dicho hasta ahora en este libro, recuerda al menos estas palabras de san Juan María Vianney: "Éste es el deber glorioso del hombre: orar y amar". Para ser santos,

señores, ustedes tienen que hacer estas dos cosas: orar y amar.
Enfócate en estas dos cosas por el resto de tu vida y también
tú serás un gran santo.

Ten valor y sé un hombre que es santo.

Tres tareas que debes cumplir:

1. Sé un hombre que se esfuerza por ser santo. Pide a
   Dios la gracia de crecer en tu santidad.
2. Sé un hombre de devoción. ¿Qué prácticas religiosas
   te llama Dios a que comiences a realizar? Sé específico
   y comienza a practicarlas.
3. Sé un hombre que ora y ama. El mundo debe saber
   que tú amas al Padre. Esto se logra por la oración y el
   amor; vívelo.

Preguntas y acciones para la reflexión y el diálogo:

1. ¿Quieres ser un santo? ¿Por qué sí o por qué no?
2. ¿Cómo te llama Dios a la santidad? ¿Qué tienes que
   hacer para ayudar a que esto se logre?
3. La manera en que hablas ¿glorifica a Dios o lo aver-
   güenza? ¿Por qué dice Santiago: "Si alguien no comete
   ningún error en lo que dice, es un hombre perfecto"
   (Santiago 3, 2)? ¿Cómo te va con tu forma de hablar?

CAPÍTULO 10

Sé un hombre que cambia el mundo

*Vayan, pues, a las gentes de todas las naciones, y háganlas
mis discípulos; bautícenlas en el nombre del Padre, del Hijo y
del Espíritu Santo, y enséñenles a obedecer todo lo que les he
mandado a ustedes.*

—Mateo 28,19–20

Para que los hombres cambien el mundo, deben comenzar
con Jesús. Como he dicho a través de todo este libro, Jesús es
el ejemplo perfecto de hombría. Este hombre perfecto, Jesús,
formó a doce hombres perfectamente imperfectos. Él escogió
a sus discípulos con el fin de cambiar el mundo. Él quiere
hacer lo mismo contigo.

Hay una historia sobre el período después de la Resurrección de Jesús y su Ascensión al cielo. En el cielo, todos los
ángeles podían ver todavía las marcas de las llagas en las manos
y los pies de Jesús. Todos ellos se inclinaron ante Él. Finalmente, san Miguel se acercó a Jesús y le dijo:

—Jesús, ¿saben ellos cuánto los amas tú?

—Un grupo de ellos lo sabe —dijo Jesús.

—Pues bien —respondió San Miguel—, ¿cómo vas a
decírselo al resto del mundo?

—Le dije a Pedro y le dije a Santiago y le dije a Juan y le
dije al resto de los Doce —respondió Jesús—, y ellos van a
tener que decírselo a los demás.

—Vamos, Jesús —manifestó san Miguel—. ¿En qué otra
forma lo vas a lograr?

—Eso es todo —respondió Jesús—. Si ellos no lo dicen, entonces el mundo no lo sabrá.

San Miguel cuestionó:

—¿Cuál es tu plan de reserva?

—No hay plan de reserva. Si no lo hacen, el mundo nunca lo sabrá.

Caballeros, Jesús no tiene un plan de reserva, excepto nosotros mismos. Depende de nosotros. Jesús escogió a doce hombres débiles, a veces egoístas y arrogantes. Jesús eligió a hombres como nosotros. Eligió todo tipo de hombres para representarlo. A veces nos gustaría ser como otra persona en lugar de ser nosotros mismos.

En el pasado, y todavía a veces hoy, creo que tengo que cambiar el mundo — y sé que eso suena orgulloso y arrogante—. Mi director espiritual me decía todo el tiempo: "¿Sabes, Larry?, ¡tú no le hiciste un favor a Dios al hacerte sacerdote!" ¡Eso dolía! ¡Pero él tenía toda la razón!

Hay una canción del grupo cristiano Casting Crowns titulada "In Me" ("*En mí*"). Hay una línea en esa canción que dice: "¡Qué refrescante saber que tú no me necesitas; qué sorprendente descubrir que me quieres!" ¡Dios no me necesita a mí, ni a ti tampoco! No estamos haciéndole un favor a Dios por ser sus discípulos. Pero Él quiere que le ayudes a cambiar el mundo. Jesús nos dice: "Ustedes no me escogieron a mí, sino que yo los he escogido a ustedes" (Jn 15, 16). Dios te escogió. ¿No estás emocionado?

Cuando estaba en el seminario de la universidad, tuve que ir a consejería; todo el mundo tenía que ir a consejería en aquellos días. El doctor dijo: "Así que háblame de ti, Larry".

"Yo soy un Pedro que quiere ser un Juan" —le contesté. Pedro era fuerte y con frecuencia impulsivo, pero san Juan era amable y amoroso. Siempre me ha gustado san Juan Apóstol. Me encanta la manera en que él hacía las cosas y cómo siempre hablaba de amor, amor, amor. Sin embargo, soy Pedro. Digo cosas que no debería, y a menudo meto la pata. Hago cosas estúpidas. ¿Puedes identificarte con esto? San Pedro era un hombre con defectos; sin embargo, Dios escogió a Pedro para dirigir su Iglesia.

Ahora bien, san Juan, por supuesto, tampoco era perfecto. A pesar de que fue el apóstol del Amor y se apoyó en el pecho de Jesús en la Última Cena, también quería hacer descender fuego sobre los samaritanos porque no quisieron escuchar a Jesús (cf. Lc 9, 54). Él tenía su propia lucha con la ira, con la cual yo también puedo identificarme.

Todos los apóstoles eran pecadores. Una de mis historias favoritas de Pedro es cuando Jesús lo encuentra por primera vez y realiza el milagro de que Pedro atrape demasiados peces en su red. Pedro se postró delante de Jesús y le dijo: "¡Apártate de mí, Señor, porque soy un pecador!" (Lc 5, 8). ¿No lo somos todos? Pero a la vez somos diferentes y únicos. Tú no has sido llamado a ser como yo (yo sé que te sientes feliz con eso), y yo no estoy llamado a ser como tú (yo sé que soy feliz por eso). Todos somos débiles, pero aún así Dios nos ha elegido a nosotros los hombres para cambiar el mundo de la misma manera que Él eligió a los apóstoles.

Piensa en el grupo de los apóstoles: eran pescadores, recaudadores de impuestos, hombres que no eran bien nacidos, que no podían hablar bien, y sin embargo, Jesús los eligió tal como eran. Por sí mismos no eran gran cosa, pero a través de estos doce hombres se cambió al mundo. ¿No? Salvo Cristo mismo, ¿alguien ha cambiado el mundo tanto como los apóstoles?

Incluso cuando escribes la fecha... por ejemplo, estamos en el 2014. Eso significa que han pasado 2014 años desde el nacimiento de Cristo. Él cambió el mundo, y la forma en que lo cambió fue por medio de esos hombres débiles. Ese mismo

Jesucristo quiere servirse de ti para cambiar al mundo de hoy y del futuro. Parte del problema con muchos hombres es que su visión es muy limitada.

¿Por qué hay tanta gente que está de acuerdo con cómo están las cosas? ¡Cristo no estaba de acuerdo con el sistema establecido!

Como mencioné en el capítulo 3, una de las primeras palabras que Jesús dijo cuando comenzó a predicar fue: "¡Conviértanse!" Él dijo a todos que tenían que cambiar. Eso significa que tenían que crecer para llegar a ser lo que Dios los llamaba a ser: ¡sus hijos e hijas!

Si vamos a ser discípulos de Jesucristo, tenemos que tener la misma pasión que tenía Jesús por llevar a la gente a la realidad de lo que es. Juan el Bautista presenta a la gente a Jesús para darles vida verdadera. En Juan 1, 35–37, Juan invita a sus amigos a ser amigos de Jesús. Dice: "Al día siguiente, Juan estaba allí otra vez con dos de sus seguidores. Cuando vio pasar a Jesús, Juan dijo: '¡Miren, ese es el Cordero de Dios!' Los dos seguidores de Juan lo oyeron decir esto, y siguieron a Jesús".

Antes de que podamos traer a otros a Jesús, tenemos que asegurarnos de que somos verdaderamente discípulos suyos. Ser discípulo de Jesús significa que aprendemos de Él cada día. No van a ser nuestras ideas las que cambiarán al mundo. Son las ideas de Cristo. Nuestro trabajo consiste en anunciar a Cristo y aprender de Cristo y ser sus discípulos.

Continuemos leyendo en el versículo 38: "Jesús se volvió y, al ver que lo seguían, les dice: '¿Qué buscan?'" Esa es la pregunta que Jesús te hace a ti todos los días. Ellos contestaron: "'Rabbí' —que quiere decir, 'Maestro'— ¿dónde vives?'" Y en el versículo 39 Jesús dice: "Vengan y lo verán" Entonces ellos fueron a ver dónde vivía Jesús, y se quedaron con Él. Tenemos que ver dónde está Jesús y quedarnos con

Él. Tenemos que aprender de Jesús para ver lo que Él quiere que hagamos. Solo entonces vamos a captar la visión de Dios en nuestras vidas. ¿Lo has entendido? ¡Tenemos que encontrar la visión de Dios en nuestras vidas! Nosotros no tenemos el poder para cambiar el mundo por nosotros mismos, pero por el poder del Espíritu Santo a través de Cristo sí podemos hacerlo.

¿Tienes ya la visión de Dios? Si la respuesta es no, entonces lo que voy a pedirte que hagas es ir y pasar tiempo con Él en oración y pedirle que te dé esa visión, y luego poner por escrito lo que Dios quiere que hagas, siendo práctico al respecto. Después de leer este libro, ¿qué vas a hacer?

Lo primero que Él dice es: "Vengan y vean". En términos prácticos, ¿cómo vas a hacer eso? A lo largo de este libro, te dije que oraras todos los días. "Está bien, Padre, lo entiendo. Voy a orar todos los días. Voy a leer la Biblia". Bueno, sí, sí. ¿Ya has comenzado? ¿Cuáles son algunas de las cosas que vas a hacer por el resto de tu vida? ¡Escríbelas y haz una lista de las cosas que ahora vas a hacer por el resto de tu vida! Ese es el punto. ¡Tiene que ser para el resto de tu vida!

Los hábitos que tú decidas crear ahora tienen que ser duraderos. Los apóstoles de Jesús se quedaron con Él durante tres años, viendo lo que hacía y escuchando sus palabras. Como resultado de ello, se transformaron de forma permanente. Cuando escribas tu lista, sé específico.

Yo he escrito mi lista para Jesús durante toda mi vida. Algunas han sido cosas cotidianas que Él me pidió que le prometiera que haría todos los días por el resto de mi vida. Una de esas cosas ocurrió cuando me arrodillé delante de Él en el Santísimo Sacramento en la Universidad Franciscana de Steubenville. Mientras lo miraba a Él en la custodia, yo sabía que Él quería que le prometiera estar con Él todos los días. Así que cuando me arrodillé delante de Él le dije: "Jesucristo, te prometo que por el resto de mi vida te daré una hora al día en oración. Te lo prometo, por el resto de mi vida". He sido fiel a esa promesa porque era una promesa práctica a Dios.

Ahora, no digas: "He hecho esto antes y nunca funcionó". Supérate a ti mismo y todo lo que hiciste antes. Ahora es el momento de ser un hombre y comprometerte a cómo vas a pasar tiempo con Dios por el resto de tu vida. Hace poco terminé una misión donde realmente les di duro a esos hombres. Después, uno de ellos se me acercó y dijo: "Padre, usted acaba de darnos una paliza. Nunca nos soltó en esta semana". Yo le dije: "¡Bien! Deberías estar conmigo cuando estoy tratando con hombres todo el tiempo. Esta es la realidad". Sé fuerte y sé responsable a fin de conocer mejor a Dios. Yo no te puedo decir qué escribir en tu lista; solo sugiero que comiences con la forma en que empleas tu tiempo. Si te limitas a decir: "Voy a rezar el rosario o voy a leer la Biblia", no te estás quedando con Jesús. Los apóstoles tuvieron que pasar tiempo con Jesús para venir y ver lo que Él quería. Además, no digas: "De hoy en adelante voy a *intentar*". Nada de "*intentar*", señores. Lo haces o no lo haces.

Los apóstoles observaban a Jesús. ¿No es asombroso? Observaban lo que Jesús hacía y aprendían a hacer lo mismo. Para que seamos hombres que cambiarán el mundo, tendremos que observar lo que Jesús hizo. La mejor manera de hacerlo es mediante la lectura de las Escrituras. Mira a Jesús y dile: "Bueno, Jesús, ¿entonces cómo debo vivir?" Mira cómo Jesús trata a la gente en los Evangelios.

Te das cuenta de que Jesucristo no sería aceptado en la mayor parte de las iglesias de hoy. Lo echarían fuera porque a veces Él es duro... ¡no algunas veces, sino muchas veces! Él entró y tomó un látigo y pasó por el área del Templo y lo volcó todo. Los apóstoles estaban observándolo. Ellos aprendieron que para ser hombres, tenían que tomar posturas firmes. Jesús tuvo celo por la casa de Dios. Los apóstoles deben haber pensado para sí: "Oh, yo también debo tener celo por la casa de Dios".

Ellos vieron a Jesús realizar milagros, y entonces probablemente pensaron, "Ah, entonces también debo ser un hacedor de milagros, porque Cristo que vive en mí realiza milagros". Él promete: "Les aseguro que el que cree en mí hará también las obras que yo hago; y hará otras todavía más grandes" (Jn 14, 12). No estoy de acuerdo con un mundo que dice que los milagros no suceden. Yo miro a Jesús y digo que los milagros son un acontecimiento diario. ¿Crees en Él, o Él es un mentiroso?

Tendrás que defender la verdad, tengas ganas o no, porque Él defendió la verdad. Tenderás la mano a los pecadores, a quienes otros rechazan, y pasarás tiempo con ellos porque Jesús lo hizo. Vas a ser un hombre de compasión. ¿Por qué? Porque Jesús fue un hombre compasivo.

Con el fin de seguir su mandamiento de "vengan y vean", vas a tener que convertirte realmente en un hombre que llega a conocer la Palabra de Dios de manera plena y explícita. No te limites a pasar tiempo leyendo la Biblia; llega a conocer a Jesús en su Palabra. Dedica tiempo a leer los Evangelios y a aprender a actuar como Jesús actuó. Ese debe ser tu objetivo.

Mientras lees los Evangelios y empieces a ver a Jesús, trata de repetir sus acciones. Pregúntate: "¿Hago lo que hizo Jesús en esta situación?" Es sencillo. Sin embargo, primero debes saber cómo actuó Jesús.

Así, durante los próximos seis meses, consagra tiempo a los Evangelios. Comienza con Mateo, después Marcos, Lucas y Juan. No te limites a leer, sino observa a Jesús como los apóstoles lo hicieron. Haz que tu meta sea imitar la forma en que Jesús vivió. Creo que el hacer eso va a ser muy profundo en tu vida. Vas a ver a Jesús bajo una luz totalmente diferente.

Lo verás como el ejemplo de la hombría. Y mientras estás observándolo, empieza a escribir esas cualidades que Él te está llamando a tener.

Hace años, cuando estaba en el seminario, fui a cenar con unas religiosas, y ellas me dijeron:

—Larry, sabes uno de los dones que Dios te ha dado, ¿no?

—No, Hermanas —respondí.

—Es una santa audacia —me dijeron.

¿Te imaginas? Es uno de los dones que tengo. Soy una persona audaz. No todos nosotros vamos a ejemplificar todas las cualidades de Jesús, pero como somos miembros del Cuerpo de Cristo y cada uno de nosotros es una parte diferente, cada uno toma ciertas cualidades de Jesús y las ejemplifica.

Durante los próximos seis meses, mientras vas repasando los Evangelios, trata de ver cuáles son las cualidades que Cristo te está llamando a adquirir. Escribe las características y cualidades de Jesús en un cuaderno. Luego pregúntale cuál de esas cualidades que te está llamando Él a vivir.

Para cada uno de nosotros, será una lista diferente de cualidades. Hay algunas que todos vamos a conseguir. Por ejemplo, todos estamos llamados a ser hombres de amor, ¿verdad? Pero cada uno de nosotros va a ser un hombre de amor de una manera diferente. Algunos de ustedes son mucho más afables que otros cuando se trata de amar.

Para mí la afabilidad o dulzura es un gran regalo, pero esa cualidad solo la tengo en el confesionario. Ser dulce me mata. Va en contra de todo lo que hay dentro de mí. No es parte de mi estilo. Pero a menudo Él me llama a dejar de lado mi estilo, y otras veces me dice que no ponga obstáculos y que deje que Él sea dulce a través de mí.

De Jesús, los apóstoles aprendieron a orar. Ellos le pidieron específicamente: "Señor, enséñanos a orar" (Lc 11, 1). Ellos eran gente abierta al aprendizaje. Cuanto más creces en sabiduría, más se sabes lo que no sabes. Siempre hay más crecimiento que se puede lograr. Si san Juan y san Pedro le pidieron a Jesús que les enseñara, ¿por qué tú no puedes decir: "Está bien, Señor, enséñame tú a orar. Enséñame cómo ser un hombre"?

Entre los apóstoles, Pedro era el hombre. Era el rudo. También era pecador. Traicionó a Jesús, y aún así Dios lo escogió para dirigir su Iglesia. Hay muy poca diferencia entre Pedro y Judas, a excepción de una realidad: el arrepentimiento. Ambos traicionaron a Cristo, pero la diferencia fue que este hombre pecador, Pedro, se arrepintió. Judas se desesperó. Algunas personas se desesperan en su seguimiento de Cristo, en lugar de tener una vida de arrepentimiento. Por años, tanto Judas como Pedro se sentaron a los pies de Jesús. Incluso habiéndose sentado a los pies de Jesús, cayeron. El hecho de que pases tiempo con Jesús no quiere decir que vas a ser perfecto. Cuando tú y yo seguimos a Cristo, siempre vamos a tener una vida de arrepentimiento.

Para mi primera Misa después de ser ordenado, elegí Juan 21, 15–19, un pasaje que tiene lugar después de la Resurrección. Jesús ya se había revelado a sí mismo, y en este versículo Él se lleva aparte a Pedro, porque Pedro lo había negado tres veces. Jesús quiere que Pedro sienta arrepentimiento, pero también que se sienta redimido. Jesús no se limita a perdonar a Pedro; lo restaura. Jesús pudo haber dicho: "Bueno, Pedro, todavía puedes ser uno de mis seguidores, pero realmente metiste la pata, así que irás al fondo del barril y te quedarás allí para siempre. Puedes seguir mordiendo el polvo por el resto de tu vida". Pero eso no es lo que hace Jesús. Más bien, Él restaura a Pedro en el liderazgo porque Pedro tenía un corazón de arrepentimiento.

A veces, cuando estoy en misiones, la gente piensa que tengo todo coordinado. Yo les digo que simplemente les pregunten a mis feligreses. Ellos le dirán que el Padre Larry puede ser el mayor imbécil. Ellos le dirán que constantemente estoy necesitando de arrepentimiento y que estoy en constante necesidad de ser restaurado por la gracia de Dios.

Cuando caemos, debemos recuperarnos por la gracia de Dios. Lo mismo sucedió con Pedro, como leemos en Juan 21, 15: "Terminado el desayuno, Jesús le preguntó a Simón Pedro: 'Simón, hijo de Juan, ¿me amas más que estos?'" Le pregunta lo mismo tres veces: así como Pedro negó a Cristo tres veces, ahora se le da la oportunidad de reafirmar su amor a Jesús tres veces: "Sí, Señor, tú sabes que te quiero" (ver Jn 21, 15–17).

¿Qué haces tú cuando Jesús le hace esa misma pregunta después de haber caído? Con demasiada frecuencia, cuando las personas caen, dicen que no sirven para nada y se centran solo en ellos mismos y en sus debilidades. Jesús no hace eso. Él solo le pregunta a Pedro: "¿Me amas más que estos?" (Jn 21, 15).

Cuando vas a confesarte, Jesús te hace esa misma pregunta. Pedro respondió: "Sí, Señor, tú sabes que te quiero"; a lo que dijo Jesús: "Cuida de mis corderos" (Jn 21, 15).

Una cosa es decir que amas a Dios, pero Dios quiere que lo demuestres ministrando a su pueblo. Tienes que servir. Al ser testigo y enseñar a otros la verdad, les estás dando la vida eterna.

Parte de nuestro trabajo como testigos es alimentar a los demás con la verdad sobre Jesucristo. ¿Te avergüenzas de Jesucristo, o es tu objetivo evangelizar y cambiar el mundo? Si Jesús te dijera: "Si me amas, entonces quiero que apacientes mis ovejas", no digas: "Déjame amarte como yo quiero".

Apacentar a las ovejas de Dios comienza con tu familia, y luego sigue con tus amigos y compañeros de trabajo. Después se sale al mundo. Jesús continúa en Juan 21, 18 diciendo: "Te aseguro que cuando eras más joven, te vestías para ir a donde querías; pero cuando ya seas viejo, extenderás los brazos y otro te vestirá, y te llevará a donde no quieras ir". Juan nos dice que Jesús estaba indicando qué tipo de muerte tendría Pedro con el fin de glorificar a Dios. Cuando Jesús terminó de hablar con él, le dijo: "¡Sígueme!" (Jn 21, 19).

Tenemos que volver a la línea inicial de este libro: Vas a morir. Ahora pregúntate: "¿Mi muerte glorificará a Dios?" ¿O te glorificará a ti, o glorificará aquello por lo que trabajaste, o glorificará a tu empresa? ¿A quién glorificará tu muerte? Jesús le dijo a Pedro que, para ser un hombre, tendría que servir a Cristo toda su vida. Jesús dijo: "Sígueme". Sigue a Jesús hasta la cruz.

Señores, nuestra forma de cambiar el mundo es siguiendo a Jesucristo todos los días, glorificando a Dios y viviendo en la práctica. Los católicos tienden a ser muy buenos para estar presentes, pero esto solo es hacer la mitad de lo que Jesús mandó cuando dijo: "Vengan y lo verán" (Jn 1, 39). "¡Bien, Jesús, vendré y estaré allí!" ¡Genial, señores! Sin embargo, tenemos que seguir adelante.

Las últimas palabras que Jesús da al final del Evangelio de Mateo se proponen infundir ánimo. Jesús había resucitado en su gloria y convoca a sus apóstoles. Mateo 28, 18–20 dice: "Dios me ha dado toda autoridad en el cielo y en la tierra. Vayan, pues, a las gentes de todas las naciones, y háganlas mis discípulos; bautícenlas en el nombre del Padre, del Hijo y del Espíritu Santo, y enséñenles a obedecer todo lo que les he mandado a ustedes. Por mi parte, yo estaré con ustedes todos los días, hasta el fin del mundo". Jesús regresaba al cielo, y estas son sus últimas órdenes como jefe. Él dice: "Vayan, pues, y hagan discípulos". ¿Entiendes? Sus apóstoles ya habían aceptado su invitación a "venir"; ahora deben "ir y hacer discípulos".

Como mencioné en un capítulo anterior, llegué a conocer a Jesucristo cuando tenía diecisiete años, y fue a través de un predicador bautista: Billy Graham. Me gustaría decirle un día que él fue uno de los instrumentos que Dios usó para llevarme a Él. Siempre he tenido un gran respeto por Billy, porque todo el propósito de la vida de Billy ha sido llevar a todos a Cristo. Él es un hombre que, por la gracia de Dios, ha vivido con integridad toda su vida. No se ha metido en ningún escándalo. Se ha asegurado de que todo el dinero de su ministerio sea administrado por alguien más. Nunca estuvo solo en un auto con una mujer. También se aseguró de tener suficiente gente alrededor de él, lo cual siempre es la clave, para protegerlo y para así poder seguir siendo un hombre de integridad.

Yo sabía que Cristo me había llamado también a ser como Billy Graham en la Iglesia Católica, para traer a las personas a la plenitud de la verdad, y esto es para lo que vivo.

Cuando escribí mi carta para ir al seminario siendo un chico de diecisiete años de edad, dije en la carta que quería conducir a todo el mundo a Jesucristo. Ese es mi objetivo. Ese es el objetivo de la Reason for Our Hope Foundation (*Fundación Razón de Nuestra Esperanza*) que fundé. ¡Quiero llevar al mundo a una relación viviente y amorosa con Jesucristo! ¡A todos!

No estoy tratando de hacer que la gente crea de determinada manera. No estoy aquí para discutir. Quiero llevar a la gente hacia una relación con Jesucristo. Señores, si ustedes no lo han entendido todavía, nosotros somos vendedores. Yo soy un vendedor. Vendo vida eterna. Si amas a la gente, quieres que vivan para siempre. La manera de vivir para siempre es estar en una relación con Cristo. Invita a la gente. No los golpees en la cabeza con tus creencias. No les digas que van a ir al infierno. No hagas nada más que invitarlos a esta relación. Diles: "Ven y ve. Ven y experimenta a Jesús". Esta es mi meta, y tiene que ser tu meta también. Pero no son mis palabras; Jesús dijo: "Vayan, pues, a las gentes de todas las naciones, y háganlas mis discípulos".

Jesús no le está hablando solo a Billy Graham o a los sacerdotes o las monjas; ¡te está hablando a ti!

¿Cuál sería tu respuesta si te preguntara cuántas personas le has llevado a Satanás? "¡Padre!" Has traído a mucha gente a Satanás. ¿Cómo? Cuando pecas con otros, cuando cuentas chistes vulgares, cuando haces que otros se emborrachen, cuando tienes relaciones sexuales fuera del matrimonio: estás tomando a la gente de la mano y diciéndoles: "¡Ven aquí! Quiero que conozcas a quién estoy siguiendo este mismo momento. Estoy siguiendo a Satanás, y quiero que hagas lo mismo". ¡Vaya magnífica idea!

¿Cuántas personas le has traído al diablo? Piensa en tu vida.

Ahora, piensa en la cantidad de personas que le has llevado a Jesucristo. ¿Hay alguien que pueda decir: "Conozco a Jesucristo, debido a... (escribe aquí tu nombre)?"

Una de las preguntas que Dios nos va a hacer cuando estemos delante de Él en el Día del Juicio es: "¿Has traído a alguien contigo? ¿Dónde están tus hermanos y hermanas?" Que tu respuesta no sea: "Ay, Jesús, ya fue bastante difícil llegar yo aquí". Tenemos que darnos cuenta de que somos personas en un bote salvavidas y nuestro trabajo no es remar a un lugar seguro, sino atraer también a otras personas hacia el bote.

Me encanta usar el ejemplo de uno de mis estudiantes de secundaria cuyo nombre es Justin Fatica. Cuando empecé a enseñar en la Cathedral Preparatory en Erie, Pensilvania, siendo un maestro recién graduado, yo estaba tratando de hacer que esos niños llegaran a ser hombres. Siempre he sido partidario de la disciplina fuerte cuando se trata de niños. Un día estaba escribiendo en la pizarra en una clase de una treintena de alumnos de penúltimo y último años. Apenas tenía una semana como profesor, pero sabía que tenía que mantener un control fuerte de estos muchachos o me comerían vivo. Cuando me di la vuelta hacia ellos, vi a Justin con las manos detrás de la cabeza y sus pies descalzos sobre el pupitre que estaba frente a él. Mi cara ya se estaba enrojeciendo cuando grité:

—¡Quita los pies de ese pupitre ahora mismo!

Justin sonrió y dijo:

—Se dice 'por favor'.

Agarré a ese pequeño pagano y lo eché de mi salón.

—¡Fuera de mi clase!

Él me miró y me dijo:

—¡Usted es un idiota! Es por gente como usted que nadie quiere venir a este colegio. ¡Es usted un idiota! ¡Se lo voy a decir a mi padre!

—Claro, díselo a tu papá, hijo —repuse. Y enseguida, por supuesto, yo mismo me adelanté a llamar a su padre.

—Padre , yo me encargo de él cuando llegue a casa —dijo el papá de Justin.

—¡Gracias! —respondí. Me encanta ese tipo de padres. Son mucho mejores que los que dicen: "Ay no, ¿qué le hizo usted a mi hijo? ¿Le gritó a mi hijo?" Ese tipo de padres me vuelven loco. ¡Sé un hombre! Si yo me metía en problemas en la escuela, al regresar a casa mi padre también me daba una paliza. Hoy en día, tratamos como bebés a nuestros hijos y aseguramos que no hacen nada malo. Por eso los hacemos crecer como a un montón de cobardes.

Más tarde, mientras yo estaba hablando con un sacerdote amigo mío en el partido de fútbol del colegio, Justin se paró en frente de mí y le dijo al Padre Detisch:

—¡El Padre Larry es un idiota!

A lo que yo respondí:

—Acabas de ganarte dos horas más de arresto.

—No me importa —dijo—. Yo solo digo las cosas como son, y usted es un idiota.

—Desaparécete de mi vista —le dije. Literalmente, no podía aguantar a ese muchacho. Era un dolor de cabeza. Toma en cuenta lo siguiente: yo soy una de esas personas que toman en serio a Dios, cuando Jesús dice: "Amen a sus enemigos, y oren por quienes los persiguen". Anoto sus nombres en un papel y rezo por ellos.

Por esa misma época, yo estaba trayendo a la diócesis el programa de retiros "Teens Encounter Christ" (*Adolescentes que se Encuentran con Cristo*, TEC por sus siglas en inglés). Cada día, yo estaba orando acerca de la implementación de los retiros TEC. En mi oración, Dios me dijo:

—Larry, quiero que invites a Justin para participar en un retiro TEC.

—No —dije yo—. No, no voy a invitar a Justin a un retiro de TEC y esa es última palabra, Señor. —Durante una semana, fui de un lado a otro, pero ni una sola vez olvidé mi discusión con Dios acerca de Justin.

—Te dije que invites a Justin al retiro TEC.

—Dios, no lo puedo soportar —le dije—. De ninguna manera lo voy a invitar al retiro—. Después de cinco días de pelear con Dios, dije por fin—: Muy bien, Dios, voy a invitarlo, pero de todos modos él no va a venir.

Así que un día en clase, con poca gana dije:

—Hey, Fatica, pronto tendremos aquí un retiro TEC y va a ser el primero, ¿quieres venir?

Justin dijo:

—Padre, yo ya conozco a Dios. No necesito uno de sus retiros.

Yo, como un pedante, repuse:

—Ah, pues yo pensé que serías capaz de enseñarnos algo que nosotros no sabemos.

Aunque no lo creas, ese pequeño pagano se presentó en nuestro retiro TEC ese fin de semana. Al final resultó que Justin tuvo una gran conversión a Jesús en ese retiro TEC. Comenzó una relación con Jesucristo que encendió en su corazón un fuego que todavía no se ha extinguido. Cuando regresó al colegio, empezó a arrastrar estudiantes de primer año a la misa diaria, prácticamente embutiéndolos en la capilla.

Como antes dije, solíamos tener un grupo semanal de oración, y Justin era parte de ese grupo. Hasta lo dirigía si yo estaba fuera de la ciudad. En una de aquellas sesiones de oración por la noche, estaban presentes unos veinte muchachos; fui pasando y preguntando a todos los muchachos: "Bien, díganme cómo llegaron conocer a Jesucristo". Solo esa noche, seis de los muchachos me dijeron que ellos habían llegado a conocer a Cristo. . . ¡gracias a Justin! ¡Justin estaba en el último año de colegio y ya había sido un instrumento que Jesús usó para traer a otros seis a Él!

Justin se graduó y fue a la universidad, donde comenzó su propio grupo de oración llamado Los Doce Apóstoles. Él les decía a los otros universitarios de su grupo: "Si quieres seguir a Jesucristo, entonces vas a tener que orar una hora al día". ¡Y yo pensé que yo era estricto!

Él logró que estas personas oraran una hora al día delante del Santísimo Sacramento. Desde entonces, ha comenzado su propio ministerio llamado "Hard as Nails Ministries" ("*Ministerio Duros como Clavos*"). Ha crecido mucho. Ha crecido lo suficiente como para que la cadena de televisión HBO hiciera un documental sobre la vida de Justin Fatica, un chico que conoce a Cristo. También acaba de publicar un libro, donde comparte cómo atrae a los jóvenes hacia Cristo en todo el mundo.

Justin asegura que yo soy el que lo trajo a Cristo. Incluso hago acto de presencia en medio de ese documental y en su libro. Sin embargo, no puedo dejar de recordarlo como un "dolor de cabeza". Estoy muy orgulloso de Justin. Se ha convertido en un gran instrumento de Dios. Tú también puedes ser instrumento de Dios.

Como el ejemplo de Justin, cuando traemos a los hombres a Cristo, ellos también van a traer a otros a Cristo. Así fue como los apóstoles atrajeron a más discípulos. ¿Cómo, en la práctica, traerás tú a las personas de tu vida a Cristo?

Quiero compartir tres cosas que puedes hacer para ayudar a otros a llegar a conocer a Cristo.

Lo primero que tienes que hacer para atraer a otros a Cristo es comenzar una lista de las personas que hay en tu vida que no conocen a Jesucristo. La razón de la lista es que te ayuda a concentrarte. En mi lista, me aseguro de incluir a mis enemigos. Y tú no querrás ser egoísta en esto. No solo quieres a tu familia, sino también a esa persona que no te agrada.

Abraham Lincoln dijo una vez: "No me cae bien ese hombre. Tengo que llegar a conocerlo mejor". Del mismo modo, Jesús nos llama a amar a nuestros enemigos. No es una opción.

Una vez que hayas completado tu lista, comienza a orar cada día por cada persona, por su nombre. Cuando oras por alguien, te vuelves como una lupa. Te colocas espiritualmente sobre él. Al igual que en un día asoleado, cuando tomas una lupa los rayos del sol se aumentan a través de ella y prenden fuego a las cosas. Somos intercesores de las personas cuando oramos por ellos. Nos convertimos en la lupa, y luego, por la gracia de Dios, prendemos a estas personas con el fuego del Espíritu Santo.

La segunda cosa que debes hacer es amar a las personas de tu lista. Ámalos tanto que hagas un esfuerzo extraordinario por amarlos. Santa Teresa de Lisieux es un gran ejemplo de amar a alguien venciéndose a sí misma. Había alguien en su orden que le caía mal, así que hizo lo imposible por ser amable con ella. Finalmente, la otra hermana le preguntó a Teresa: "Hermana Teresa, dígame, ¿por qué le agrado tanto?" A santa Teresita, en realidad, dentro de su corazón no le agradaba para nada esa hermana, pero ella iba más allá de sus sentimientos y la trataba con amor de todos modos.

En nuestra propia vida hay personas a las que no podemos soportar; eso lo sabemos. Es por eso que necesitamos el Espíritu Santo y por lo que tenemos que decir: "Jesús, yo no puedo amar a esta persona, pero tú puedes a través de mí. Voy a quitarme del camino. Ama a esta persona a través de mí". Hay una gran línea en una canción de Steven Camp que dice: "No les digas que Jesús los ama hasta que estés listo para amarlos tú también". No podemos compartir con los demás el amor de Jesús, a menos que sepan que nosotros los amamos también.

Si queremos cambiar el mundo, si queremos traer a otros a Cristo, debemos amar a las personas y orar por ellas. Tenemos que ser amables con ellas. No nos toca a nosotros juzgar a los demás. Sí, a veces el amor tiene que ser firme, como en el caso de antes, cuando hablé sobre el muchacho que estaba viviendo con su novia. De hecho, vi a ese muchacho recientemente en Iowa, donde estaba dando una conferencia. Él trajo a su novia para escuchar mis charlas. En la última noche él y su novia entregaron sus vidas a Cristo. Bendito sea Dios.

La diferencia entre juzgar a las personas y ser fuerte con ellas es el amor. Ora por ellos. Muéstrales que los amas, pero díselo también. Entonces, una vez que saben que los amas, les puedes hablar acerca de Jesucristo.

Se nos dice en el Evangelio que unas personas se acercaron a los discípulos de Jesús y les dijeron: "Señor, queremos ver a Jesús" (Jn 12, 21). Cuando la gente nos ve, lo que realmente quieren ver es a Jesucristo. Es por eso que te dije que recorras los Evangelios y busques las características de Cristo de las que mejor das ejemplo. Entonces, les estarás mostrando una parte de Cristo. Ninguno de nosotros puede mostrar todos los aspectos de Cristo, pero cada uno de nosotros, en el Cuerpo de Cristo, puede mostrar un aspecto diferente. Muestra a todos a Cristo por medio de tu tipo de personalidad.

La última cosa que debes hacer para llevar a la gente a Cristo es hablarles de Él. ¡Nota que esto es después de haber orado por ellos y después de amarlos! ¡Síguelo en este orden!

Y cuando le hables a la gente de Cristo no les prediques; simplemente compárteles a ellos acerca de él. Diles lo que Cristo ha hecho por ti e invítalos a una establecer relación con Él.

Ahora, a algunos de ustedes esto puede sonarles un poco como algo que haría un buen protestante, pero no un buen católico; ¡y ese es el problema! Tenemos que traer a otros a la plenitud de la verdad acerca de Jesús y de su Iglesia. Es el mandato de Jesús; ¿vas a obedecer?

El Señor Dios del universo está llamándonos a todos a ser grandes hombres, hombres que seamos ejemplos de Él y que lo tengamos a Él como nuestro ejemplo. Estamos llamados a ser otro Cristo en este mundo. Nuestro objetivo es llevar a otros a Él.

Hazlo y vivirás para siempre.

¿Te llegó el mensaje? ¿Lo entendiste? ¿Vas a hacerlo?

¡Bien! ¡Ten valor y sé un hombre que cambia el mundo!

Tres tareas que debes cumplir:

1. Sé un hombre que se convierte en otro Cristo. Pasa tiempo con Jesús leyendo los Evangelios, y anota las cualidades de la masculinidad que Él poseía, y pídele que las haga tuyas.

2. Sé un hombre que vive la visión de Dios para tu vida y para el mundo, y luego vive con pasión esta visión.

3. Sé un hombre que cambia el mundo, persona por persona. Haz una lista de las personas que conoces que no conocen a Jesús; luego ora por ellos y finalmente háblales de Jesús.

Preguntas para la reflexión y el diálogo:

1. Jesús está contando contigo. ¿Estás listo? Explícalo.
2. ¿Alguna vez has llevado a alguien a tener una relación con Jesús? ¿Cómo vas a hacer esto en el futuro?
3. ¿Cuál crees que sea la visión de Dios para ti y para el mundo? ¿Cómo la vas a hacer realidad?

Treinta tareas que debes realizar y que te ayudarán a llegar a ser el hombre que fuiste creado para ser

Bien, caballeros. ¡Llegó la hora de asegurarse de poner en práctica lo que acaban de leer! Creo que si acabas de leer este libro y no cambia nada en tu vida, es posible que hayas perdido el tiempo. Después de leer este libro, deberías haber cumplido un total de treinta tareas —tres al final de cada capítulo— que te ayudarán a llegar a ser el hombre que fuiste creado para ser. A continuación se da una lista resumida de todas las "tareas que debes cumplir", con casillas de verificación delante de cada una, para asegurar que hayas aplicado estas prácticas en tu vida. ¡Asegúrate de cumplir cada una de ellas! Por lo tanto, no tengas miedo, ¡ten valor y sé hombre!

Lista de verificación

☐ 1. **Sé un hombre que vive con su final en mente.** Escribe lo que quieres que Dios y los demás digan de ti cuando mueras. Estas deben ser tus nuevas metas en la vida. Ahora establece un plan de lo que necesitas hacer para alcanzar estas metas. ¡Sé práctico!

☐ 2. **Sé un hombre que conoce a Dios.** Si aún no conoces a Dios, entonces decide hoy que vas a hacer cualquier cosa e ir a cualquier lugar que se requiera para llegar a conocerlo. No esperes; la vida es corta, ¡y la eternidad es para siempre!

☐ 3. **Sé un hombre de oración.** Comprométete a pasar por lo menos cinco minutos al día con Dios en oración, por el resto de tu vida, comenzando hoy mismo.

☐ 4. **Sé un hombre que vive como un hijo amado.** Busca la quietud y deja que Dios te abrace como su hijo. Deja que Él te diga, como le dijo a Jesús: "Tú eres mi hijo amado". Después de pasar tiempo en su abrazo, respóndele a Él y dedícale cinco minutos para rezar el Padrenuestro desde la profundidad de tu ser, a tu Padre que está contigo.

☐ 5. **Sé un hombre que lee la Biblia.** Toma la decisión de pasar tiempo todos los días leyendo las Escrituras, porque es allí donde Dios te hablará y te revelará su voluntad para ti. Que tu regla de vida sea: "¡Sin Biblia, no hay desayuno; sin Biblia, no hay cama!"

☐ 6. **Sé un hombre que escucha más que lo que habla.** Esto comienza con tu relación con Dios. Nunca salgas de tu tiempo de oración sin darle tiempo al silencio.

☐ 7. **Sé un hombre que se arrepiente.** Haz un buen examen de conciencia y, si eres católico, haz una buena confesión. ¡No hay excusas!

☐ 8. **Sé un hombre que lucha contra la tentación con la Palabra de Dios.** Después de haber descubierto tus pecados principales, busca los versículos en la Biblia y memorízalos para que puedas derrotar las tentaciones cuando surjan.

☐ 9. **Sé un hombre que se esfuerza diariamente por crecer en su hombría.** Haz un examen de conciencia por la noche y comprométete a confesarte al menos una vez al mes.

☐ 10. **Sé un hombre que se entrega diariamente al Espíritu Santo.** ¡Haz un compromiso de rezar diariamente una oración de sumisión al Espíritu Santo!

☐ 11. **Sé un hombre que usa los dones del Espíritu Santo.** Reflexiona sobre los siete dones del Espíritu Santo y pídele a Dios que te ayude a usarlos en tu vida. Escoge un don cada día durante los próximos siete días y humildemente pídele a Dios ese don.

☐ 12. **Sé un hombre que "aviva el fuego" del Espíritu Santo que está dentro de ti.** Encuentra a un amigo, un sacerdote o un diácono, e invítalo a orar por ti para que recibas plenamente al Espíritu de Dios y abras tu corazón al don que Dios te da.

☐ 13. **Sé un hombre que es fuerte.** Asume la responsabilidad de tu vida y tu pasado. No culpes a los demás. Has llegado al punto estás a causa de tus acciones y decisiones, y ahora puedes seguir adelante con la gracia de Dios tomando mejores decisiones.

☐ 14. **Sé un hombre que es puro de corazón.** Hazle frente a tu lujuria, invitando a Cristo en el centro de tu contienda.

☐ 15. **Sé un hombre de servicio.** Escribe en un papel las palabras: "Yo soy el tercero" y colócalo donde lo veas todos los días, y trata de vivirlo.

☐ 16. **Sé un hombre de generosidad.** Comienza a dar el diezmo y a cuidar de los pobres y de tu parroquia.

☐ 17. **Sé un hombre que les dice a las personas que quieres, que las amas.** Escribe una carta a los miembros de tu familia diciéndoles lo mucho que los amas y luego comprométete a decírselo todos los días por el resto de tu vida.

☐ 18. **Sé un hombre que ama a sus enemigos.** Comienza a orar por ellos y pídele a Dios que los ame a través de ti.

☐ 19. **Sé un hombre que es sabio.** Mira la vida con los ojos de Dios y no con los ojos del mundo. Lee el capítulo 2 de Filipenses. Lucha por vivir tu vida de esa manera.

☐ 20. **Sé un hombre de obediencia.** Comienza el día preguntándole a Dios lo que Él quiere de ti, y luego obedécele y hazlo.

☐ 21. **Sé un hombre que procura agradar a Dios.** Demasiadas personas se preocupan por lo que los demás piensan de ellos; no seas una de esas personas.

☐ 22. **Sé un hombre que es un líder espiritual.** Toma la autoridad espiritual en tu familia y lidera con el ejemplo. Ten un tiempo de oración todos los días con tu familia.

☐ 23. **Sé un hombre que necesita de otros hombres.** Encuentra hombres que te desafíen a crecer en el Señor y te hagan ser un mejor hombre.

☐ 24. **Sé un hombre que invita a Dios a su sexualidad.** Si estás casado, ora con tu cónyuge, especialmente antes de la intimidad sexual.

☐ 25. **Sé un hombre que se esfuerza por ser santo.** Pide a Dios la gracia de crecer en tu santidad.

☐ 26. **Sé un hombre de devoción.** ¿Qué prácticas religiosas te llama Dios a que comiences a realizar? Sé específico y comienza a practicarlas.

☐ 27. **Sé un hombre que ora y ama.** El mundo debe saber que tú amas el Padre. Esto se hace mediante la oración y el amor; vívelo.

☐ 28. **Sé un hombre que se convierte en otro Cristo.** Pasa tiempo con Jesús leyendo los Evangelios, y anota las cualidades de la masculinidad que Él poseía, y pídele que las haga tuyas.

☐ 29. **Sé un hombre que vive la visión de Dios para tu vida y para el mundo,** y luego vive con pasión esta visión.

☐ 30. **Sé un hombre que cambia el mundo, persona por persona.** Haz una lista de las personas que conoces que no conocen a Jesús; luego ora por ellos y finalmente háblales de Jesús.